HISPANIC MINISTRY

in Catholic Parishes

A Summary Report of Findings from the
National Study of Catholic Parishes with Hispanic Ministry (2011-2013)

By *Hosffman Ospino, Ph.D.*

BOSTON COLLEGE

SCHOOL OF THEOLOGY AND MINISTRY

IN COLLABORATION WITH THE CENTER FOR APPLIED RESEARCH IN THE APOSTOLATE (CARA)

MAY 2014

THE *NATIONAL STUDY OF CATHOLIC PARISHES WITH HISPANIC MINISTRY* WAS DESIGNED AND LED BY THE BOSTON COLLEGE SCHOOL OF THEOLOGY AND MINISTRY IN COLLABORATION WITH THE CENTER FOR APPLIED RESEARCH IN THE APOSTOLATE (CARA) AT GEORGETOWN UNIVERSITY. IT WAS POSSIBLE THANKS TO THE GENEROUS FINANCIAL SUPPORT OF SEVERAL PRIVATE ORGANIZATIONS, INCLUDING THE OUR SUNDAY VISITOR FOUNDATION, COMMITTED TO SUPPORTING RESEARCH AND INITIATIVES THAT LEAD TO A STRONGER CATHOLIC EXPERIENCE IN THE UNITED STATES, AND ANONYMOUS DONORS.

EL *ESTUDIO NACIONAL DE PARROQUIAS CATÓLICAS CON MINISTERIO HISPANO* FUE DISEÑADO Y DIRIGIDO POR LA ESCUELA DE TEOLOGÍA Y MINISTERIO DEL BOSTON COLLEGE EN COLABORACIÓN CON EL CENTRO PARA LA INVESTIGACIÓN APLICADA EN EL APOSTOLADO (CARA), DE LA UNIVERSIDAD DE GEORGETOWN. FUE POSIBLE GRACIAS AL GENEROSO APOYO FINANCIERO DE VARIAS ORGANIZACIONES PRIVADAS, ENTRE ELLAS LA FUNDACIÓN OUR SUNDAY VISITOR, COMPROMETIDAS EN APOYAR INVESTIGACIONES E INICIATIVAS QUE CONDUCEN A UNA EXPERIENCIA CATÓLICA MÁS DINÁMICA EN ESTADOS UNIDOS, Y COLABORADORES ANÓNIMOS.

PRINCIPAL INVESTIGATOR / INVESTIGADOR PRINCIPAL:

HOSFFMAN OSPINO, PH.D., *BOSTON COLLEGE*

RESEARCH CONSULTANTS / ASESORES DE INVESTIGACIÓN:

MR./SR. ALEJANDRO AGUILERA-TITUS, *CONFERENCIA DE OBISPOS CATÓLICOS DE LOS ESTADOS UNIDOS*

DR. MARK GRAY, *CARA, GEORGETOWN UNIVERSITY*

DR. ROBERT HURTEAU, *LOYOLA MARYMOUNT UNIVERSITY*

MR./SR. KEN JOHNSON-MONDRAGÓN, D. MIN. (CAND.), *INSTITUTO FE Y VIDA*

DR. TIMOTHY MATOVINA, *UNIVERSITY OF NOTRE DAME*

DR. BRIAN STARKS, *UNIVERSITY OF NOTRE DAME*

DR. ANTHONY STEVENS-ARROYO, *CITY UNIVERSITY OF NEW YORK*

ISBN: 978-1-61278-851-7 (INVENTORY NO. X1653)

eISBN: 978-1-61278-849-4

COVER DESIGN: LINDSEY RIESEN

COVER ART: KAREN CALLAWAY

TRANSLATION AND INTERIOR LAYOUT BY VICTORY PRODUCTIONS, INC.

HISPANIC MINISTRY
in Catholic Parishes

A Summary Report of Findings from the
National Study of Catholic Parishes with Hispanic Ministry

4 | Preface

5 | Introduction

12 | The National Study of Catholic Parishes with Hispanic Ministry

13 | SECTION I: STRUCTURES

22 | SECTION II: LEADERSHIP

34 | SECTION III: FAITH FORMATION

41 | Emerging Insights: Toward a Constructive Conversation

Preface

The vitality of Catholicism in the United States of America in the twenty-first century will depend largely on how Catholics throughout the country embrace the growing Hispanic presence and respond to the pastoral needs of this community. Only half a century ago most Catholics in the country were white Euro-Americans. A few decades later we find ourselves being part of a church that is highly diverse in terms of culture, race, and ethnicity. Today, nearly half of all Catholics in the country share a Hispanic background. Demographic transitions naturally bring along cultural and linguistic challenges that require new and creative ways to share the Good News of Jesus Christ with one another. As the Hispanic presence grows in the Church, celebrating liturgies, praying together, passing on the richness of our faith tradition, teaching the new generations, serving others, particularly those most in need, and building strong faith communities will require that we learn more and more about the Hispanic Catholic experience(s). No better place to start than parishes with Hispanic ministry.

This report is the result of nearly three years of investigation as part of the *National Study of Catholic Parishes with Hispanic Ministry*. It is the first time ever that a national study of Catholic parishes focuses primarily on communities serving Hispanic Catholics. The report has been written in a way that brings the best research into conversation with pastoral insight in an accessible way to better understand the current reality of Hispanic ministry at the pastoral level. Whether you are a seasoned pastoral leader journeying with U.S. Hispanic Catholics for many years, or a leader who just started and want to understand this reality better, or someone who is currently in the process of ministerial formation preparing to eventually serve in a context where Hispanic Catholics are present, this report is an ideal resource.

The report begins by situating—historically and contextually—the reality of Hispanic ministry in Catholic parishes. The introductory section also provides glimpses of how the study was conducted, its purposes, and methodology. The main body of the report contains three sections. *Section I: Structures* looks closely at the dynamics of parish life as communities respond to the Hispanic presence. *Section II: Leadership* offers profiles of pastoral leaders involved in Hispanic ministry in parishes, providing a sense of who they are and the gifts they bring. *Section III: Faith Formation* looks closely at how parishes with Hispanic ministry around the country share the Good News with Hispanic Catholics. The report concludes listing 10 signs of vitality as well as 12 areas that require immediate pastoral attention in parishes with Hispanic ministry.

How to use this important resource with your community or in your studies? As indicated earlier, the language of the report is very accessible. There are lots of numbers and statistics, yet these are accompanied by summary paragraphs that help their interpretation. Because many parish communities interested in this report are bilingual, the report is being published in English and Spanish. Having the resource in both languages will allow pastoral leaders and parish groups who speak either or both come together to have conversations as part of study days or moments for professional development. The report is ideal for conversations among clergy, vowed religious, permanent deacons, pastoral staffs, pastoral councils, catechetical leaders, pastoral associates, Catholic school leaders, pastoral institutes, etc. To help the conversation, at the end of the main sections in the report, there are questions for dialogue and reflection. After reading each section, your group or community can engage in conversation guided by these questions. The study of the report can be done in one long session or perhaps several meetings over a short period of time. Ultimately, the goal is that as many pastoral leaders, educators, and researchers as possible engage in this important conversation.

May the God of Life, who moves our hearts with the love of the Holy Spirit to be missionary disciples of Jesus Christ, give us the wisdom to read the signs of the times and be authentic instruments of evangelization in the United States of America in our day.

Hosffman Ospino, Ph.D.
November 11, 2014
Memorial of Saint Martin of Tours, Bishop

Introduction

"The mutual influence of Catholicism and Hispanic peoples in the United States is shaping not just the future of American Catholic life but also the life of the nation."

—Timothy Matovina, *Latino Catholicism*, viii

The National Study of Catholic Parishes with Hispanic[1] Ministry

This is the first time that a comprehensive national study focuses solely on Catholic parishes with Hispanic ministry.[2] Hispanics in these parishes are largely Spanish-speaking. However, most of these communities also serve a growing body of English-speaking Hispanics and are typically shared with groups of non-Hispanic Catholics. In the early 1980s it was estimated that 15 percent of all Catholic parishes served Hispanic Catholics, mostly in Spanish. Hispanics constituted about 25 percent of the entire Catholic population in the United States.[3] Three decades later, when Hispanic Catholics are about 40 percent of the approximately 78 million Catholics in the country, 25 percent of all Catholic parishes intentionally serve Hispanics.

Catholic parishes with Hispanic ministry constitute a very important portion of the U.S. Catholic experience that needs to be better *studied* and *understood*. The findings of the *National Study of Catholic Parishes with Hispanic Ministry*, with its reports and publications, are instrumental to achieve that twofold goal. What we learn about parishes with Hispanic ministry today gives us a sense of what Catholic life in the United States already is in many places where Catholicism is growing vibrantly— of course, not without challenges. Considering current demographic trends and the steady growth and influence of Hispanic Catholicism, these communities also provide us with a glimpse of what U.S. Catholicism will likely be in vast regions of the country—at least during the first half of the twenty-first century. The study of these communities is an invitation for pastoral leaders, scholars, and organizations interested in supporting the U.S. Catholic experience to imagine a future together, investing and planning today with Hispanic Catholics.

Diocesan reconfigurations in various parts of the country during the last two decades have led to thousands of parish closings and mergers. This is somewhat concerning considering that during the same period of time those changes have coincided with a large influx of Catholic immigrants—mainly from Latin America, the Caribbean, and Asia—who often rely on parishes to remain connected to their religious roots and identity while they integrate into the larger society. *Parishes matter.* Parishes continue to be privileged places where most active Catholics learn, live, and celebrate their faith. Such is a hallmark of the communal identity at the heart of Catholicism, an experience very close to the Hispanic cultural ethos. Parishes play an important role in the lives of millions of Hispanic Catholics. In parishes where Hispanics are present, the number of Catholics attending Mass is larger compared to the overall U.S. Catholic population (see data in the section "Anatomy of Catholic Parishes with Hispanic Ministry"). Parishes are among the first places Hispanic Catholic immigrants seek when searching for a familiar experience of community in a foreign land. Parishes with Hispanic ministry are often centers where Hispanics seek spiritual accompaniment alongside support to meet other immediate needs.

The findings of the *National Study of Catholic Parishes with Hispanic Ministry* are an invitation to make informed decisions about ministry with Hispanic Catholics—and other Catholics sharing these faith communities. Many crucial decisions are made on a daily basis at the parish and diocesan levels that directly impact Hispanic Catholics: pastoral plans, parish reconfigurations, allocation of resources, development of materials for faith formation, vocational recruitment, hiring of new pastoral leaders, and theological formation for ministry, to name only a few. In our day, a number of these decisions require full consideration of current realities, trends, needs, and possibilities associated with Hispanic Catholics. Pastoral leaders often lack enough data and informed analysis to appropriately assess those realities. The *National Study of Catholic Parishes with Hispanic Ministry* provides a wealth of relevant data and analyses to generate creative conversations about life in Catholic parishes and ministry with Hispanics. A key step to follow this effort is to extend the spirit of research and analysis to the entire body of Catholic parishes in the country in light of the culturally diverse dynamics in which U.S. Catholicism unfolds today. A much needed project, indeed.

The Hispanic Parish in Context

THE EVOLUTION OF THE HISPANIC PARISH[4]

The oldest Catholic parish under the flag of the United States of America is Hispanic. This is true whether one looks at the first church erected in San Juan, Puerto Rico, in 1523 or the oldest Catholic mission established in 1566 in St. Augustine, Florida. The annexation of Texas and other territories at the end of the 1848 Mexican-American War added to Catholicism a plethora of parishes that were older than the Republic. It is one of the anomalies of history that the Hispanic parish, which came first for American Catholicism, is often viewed as a new creation.

As described in many histories of the Hispanic Catholic experiences, however, these parishes have guarded the faith and adapted ministry to challenging circumstances. Despite the frequent manifestation of ugly prejudice, traditional culture and the Spanish language legacy were sustained by popular celebration of Catholic feast days like the Three Kings on the Epiphany and the Via Crucis on Good Friday. Many Marian devotions in Hispanic Catholicism flourished in these parishes, particularly the love for Our Lady of Guadalupe, whose shrine had sealed the victory of the faith in Mexico, rooting the Hispanic contribution to American Catholicism at the onset of evangelization in the New World.

The Hispanic parish antedates the well-known national parish, which was created in the nineteenth century United States for ministry to European immigrants like the Germans, the Italians, and the Poles. The national parish allowed those who understood languages other than English to sustain their religion after arriving in the country. The general assumption, however, was that such parishes were temporary and would no longer have the same function once later generations learned English. When absorbing the annexed Mexican territories, long-standing Hispanic parishes were typically treated as "only" national parishes. This tendency intensified when Hispanic American citizens began to leave their homeland parishes and migrate toward industrialized cities around the country. Technically, this was internal migration, not immigration. Yet, the predominance of Spanish and the deep-rooted traditions of popular religious practice functioned for Hispanics very much like language and culture had sustained European immigrants.

There was a major difference, however. The European national parish was indeed for a "nationality": Poles went to the Polish parish, Italians to the Italian parish, etc. But a mixture of Catholics from the 21 nations in Latin America, without counting Spain and Puerto Rico, call the Hispanic parish home. The Hispanic parish has often been a place of *encuentro* for different nationalities, making the name more appropriately "Pan-Hispanic national parish." True enough, the Mexican influence was the most common from Texas to California. Although 64.5 percent of the nation's Hispanics today have roots in the Mexican culture, concentrated mostly in the Southwest, not every parish is mostly Mexican. In the 1950s, for instance, New York City's Hispanic population was 80 percent Puerto Rican. After the 1959 revolution, Cubans became the dominant Hispanic presence in Miami. During the first half of the twentieth century, Hispanic parishes were focused on effective service to the local community. They differed widely from diocese to diocese and had few connections with each other.

As the United States emerged from the Great Depression, however, the policy of proliferating national parishes came under question, particularly in large cities that attracted successive waves of newcomers. Accordingly, a different model for the Hispanic parish emerged. Sunday sermons and pastoral care were delivered to Spanish-speaking Catholics within existing parishes, often in the basement church. Even when physically, pastorally, and linguistically separated, this model united the parish in one building. Many Catholic parishes operating this way had dual choirs, separate pious societies (Holy Name and the *Legión de María*), and different catechetical programs. Hispanic communities by and large did not become clones of their Anglo counterparts but developed alongside these. In many places Hispanic communities eventually became more numerous and the source of vitality for entire parishes.

The Second Vatican Council (1962–1965) changed the playing field for the Hispanic parish even further. For Catholics in the United States, the Council's call to worship in "the language of the people" meant a more widespread use of Spanish as a shared language alongside English in parish communities. This soon translated into outreach and faith formation initiatives in Spanish. Something similar has occurred in other languages, although at a smaller scale. Effectively, the U.S. Catholic Church is a multilingual body. Today's pastoral policy of liturgies in different languages like Haitian Creole and Vietnamese can be traced to the pioneering experience of Hispanic Catholics.

This new phase in the life of the Hispanic parish during the second part of the twentieth century, inspired by the conciliar vision and its reforms, coincided with major socio-cultural developments like the Vietnam War and the Civil Rights Movement. The 1965 radical reform of immigration laws and the funding of "minority" agencies and organizations by the War against Poverty endowed community-based Hispanic leadership with effective political tools. These social and legal developments had a profound impact on how Hispanic ministry was done in many Catholic parishes and other areas of Church life.

In parishes serving Spanish-speaking Catholics across the country, a significant number of priests, vowed religious women and men, and lay leaders, Hispanic and non-Hispanic, embraced the tools of community organizing and political advocacy to advance important social causes. Some of these efforts turned their attention to ecclesial life as well, particularly raising awareness about how ecclesial structures in general had been slow to effectively respond to the urgent needs of Hispanic Catholics. Organizations like PADRES, founded by Hispanic priests, and Las Hermanas, founded by Hispanic women religious, channeled much of this energy. These pastoral leaders were closely involved in the life of parishes with Hispanic ministry. There they translated into pastoral practice the rich reflection that incorporated important insights from the Latin American theological and pastoral traditions as well as a growing body of ideas rooted in the uniqueness of the U.S. Hispanic Catholic experience.

In 1972, the Catholic bishops of the United States convoked a national *Encuentro*, a major gathering that brought together many of these voices from parishes and organizations to talk about urgent issues in ministry to Hispanics. A *Second Encuentro* followed in 1977, and a third one in 1985. These gatherings served as catalysts to shape a vision for Hispanic ministry in the country. After the *Third Encuentro*, a national pastoral plan for Hispanic ministry was written. At the heart of all the conversations and documents emerging from the *Encuentro* processes were the parishes with Hispanic ministry. It was from these parishes where the leaders and most of the questions shaping these efforts

came from. To these same parishes the leaders involved in these initiatives returned with a renewed vision. A *Fourth Encuentro* took place in the year 2000. At this gathering the focus was not exclusively the Hispanic Catholic experience but the Church's cultural diversity. This last meeting set the tone for what much of the reflection about ministry in parish life in the United States will likely be in the twenty-first century.

The Hispanic parishes studied in this study have been shaped by this rich Catholic history that continues to redefine not only our self-understanding but also our priorities and commitments. This redefinition takes place today against the background of demographic expansion that has made Hispanics the largest ethnic minority in the country, at 17 percent of the entire U.S. population. Most Hispanics were born in the United States (about 61 percent). Hispanics are younger (average age 27) compared to the U.S. population as a whole (37.2). Hispanics are mostly Catholic (about 59 percent). This is the presence that with its gifts and contributions, questions and challenges, is profoundly transforming the U.S. Catholic experience.

Have Catholics in the United States come to terms with the growth of the Hispanic presence? Has the Church adjusted its structures and pastoral commitments to appropriately serve and evangelize the millions who are bringing new life to thousands of faith communities and writing a new chapter in the history of U.S. Catholicism? Are we prepared to acknowledge that the Church in this country today is Catholic, American...and Hispanic as well as African American, Asian American, Native American, and Euro American? These are vital questions.[5] We cannot afford to ignore them. This report has been prepared to respond better to these questions and assess where these parishes with Hispanic ministry are today, their reality, and their potential.

HISPANIC CATHOLICS AND THEIR PARISHES: A SNAPSHOT

Hispanics account for 71 percent of the growth of the Catholic population in the United States since 1960.[6] About 6 percent of all Masses (weekend and weekday) in the United States are now celebrated in Spanish.

The Center for Applied Research in the Apostolate (CARA) estimates that nearly 29.7 million U.S. residents who self-identify as Hispanic also self-identify as Catholic, representing about 59 percent of the 50.5 million Hispanics in the country. An estimated 16 million of these Hispanic Catholics were born in the United

U.S. CATHOLIC POPULATION:
RACE, ETHNICITY, & BIRTHPLACE GROUP ESTIMATES, 2010

	POPULATION	CATHOLIC POPULATION	CATHOLIC % ESTIMATE
WHITE (NON-HISPANIC)	196,817,552	42,512,591	21.6%
BLACK OR AFRICAN AMERICAN (NON-HISPANIC)	37,685,848	2,091,565	5.6%
ASIAN, NATIVE HAWAIIAN, PACIFIC ISLANDER	15,214,265	2,905,925	19.1%
HISPANIC, LATINO(A)	50,477,594	29,731,302	58.9%
AMERICAN INDIAN, ALASKAN NATIVE	2,932,248	536,601	18.3%

States. Some 13.7 million are foreign-born. Overall, 38 to 40 percent of adult Catholics in the United States self-identify as Hispanic.

According to the March 2013 Current Population Survey (CPS), 61 percent of Hispanics are U.S.-born. 37.3 percent of Hispanics 30 and older are in this category. Yet more striking is the fact that 93 percent of all Hispanics under the age of 18 are U.S.-born. Any form of pastoral planning and strategy for evangelization in the Church today is to consider these figures, mindful that most of these young Hispanics are likely to be growing up in Catholic households. Much of the Catholic experience in the country during the next few decades will be significantly shaped by how the Church reaches out to this last group and whether young Hispanics in this age bracket, at least those growing up in Catholic households, decide to self-identify as Catholic.[7]

About 35.5 percent of all Catholic parishes in the United States, a total of 6,269 parishes, are known to serve a particular racial, ethnic, cultural, and/or linguistic community other than Euro-American white Catholics. The majority of these parishes, approximately 70 percent, serve Spanish-speaking Catholics.

Combining dozens of databases of parish addresses and information, including all that were part of the *National Study of Catholic Parishes with Hispanic Ministry* and those available through the Secretariat for Cultural Diversity in the Church at the United States Conference of Catholic Bishops (USCCB), CARA developed the map below showing the distribution of the Hispanic population in the United States along with parishes known to have Hispanic ministry.

HISPANIC, LATINO, OR SPANISH ORIGIN CATHOLICS AND PARISHES

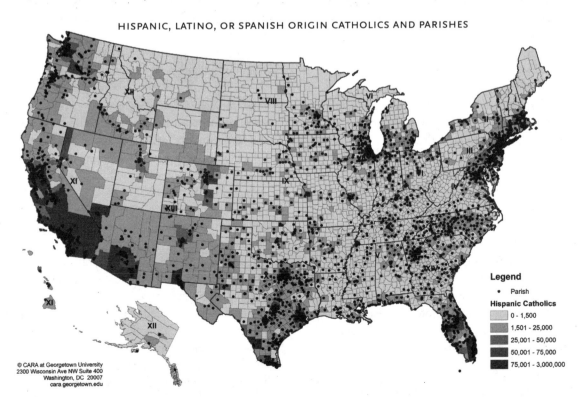

Legend

• Parish

Hispanic Catholics
- 0 - 1,500
- 1,501 - 25,000
- 25,001 - 50,000
- 50,001 - 75,000
- 75,001 - 3,000,000

© CARA at Georgetown University
2300 Wisconsin Ave NW Suite 400
Washington, DC 20007
cara.georgetown.edu

Questions for Dialogue and Reflection

1. What caught your attention about the section on the evolution of the Hispanic parish?

2. Why do many Catholics think that the Hispanic parish is a new reality when in fact is the oldest Catholic faith community in the country?

3. Have Catholics in the United States come to terms with the growth of the Hispanic presence? Offer some details based on your answer.

About the Study

METHODOLOGY

The *National Study of Catholic Parishes with Hispanic Ministry* was designed and led by Boston College's School of Theology and Ministry in collaboration with the Center for Applied Research in the Apostolate (CARA) at Georgetown University. A parish database was developed after contacting directly key officers (e.g., Director of Hispanic Ministry) in all dioceses in the United States and researching available resources identifying Catholic communities with Hispanic ministry. All known communities as of 2011 under this category received surveys by mail. All parishes were contacted telephonically by a team of bilingual research assistants to increase participation. All parishes in the study received reminders in the mail. The sampling, survey mailings, reminders, and follow-up were managed by Boston College in 2012 and 2013. Respondents were given the option to respond to surveys online through CARA's web-based survey system or through the mail. Surveys taken by mail were entered by the Boston College research team. Focus groups and personal interviews with targeted leaders were designed to provide qualitative data. All materials, including questionnaires, consent forms, reminders, and protocols, were available in English and Spanish. Study resources were approved by Boston College's Institutional Review Board.

All Diocesan Directors of Hispanic Ministry or their equivalent within the diocesan structure in the territorial, Latin rite U.S. dioceses where these offices exist were invited to participate. A total of 178 Directors were identified by Boston College in 172 dioceses. Ninety-five dioceses responded. This represents a response rate of 55.2 percent and results in a margin of error of ±6.75 percentage points. The responding dioceses include 54 percent of the nation's Catholic parishes and 53 percent of its Catholic population.

Pastors, Directors of Religious Education (DRE) directly working with Hispanics, and Directors of Hispanic Ministry at all U.S. parishes identified as having Hispanic ministry or Spanish-language liturgies and/or programs were surveyed. A package of three questionnaires was sent to 4,368 parishes: one designed specifically for Pastors, one for Directors of Religious Education, and one for the parish Director of Hispanic Ministry where that position exists. In some parishes, one person performs more than one of these roles. Five hundred seventy-two Pastors at these parishes responded to the survey. This represents a response rate of 13.1 percent and results in a margin of error of ±3.8 percentage points. A total of 450 Directors of Religious Education (DRE) and/or Youth Ministers responded to the survey for a response rate of 10.3 percent and results in a margin of error of ±4.6 percentage points. A total of 477 Directors of Hispanic Ministry responded to the survey for a response rate of 10.9 percent and results in a margin of error of ±4.2 percentage points.[8]

The *National Study* was designed to study more in depth the Hispanic Catholic experience at the parish level in the United States. The study focused on four main areas:

1. Impact of the Hispanic presence in Catholic parochial dynamics, with particular attention to models of organization and strategies to better evangelize in the context of a culturally diverse Church.

2. Leadership structures and needs to better support pastoral agents serving in Catholic parishes with Hispanic ministry.

3. Initiatives, commitments, and resources to advance faith formation among Hispanic Catholics at various age levels in parishes.

4. Diocesan structures supporting Hispanic ministry and the relationship of these structures with parishes with Hispanic ministry.

A BLUEPRINT

This summary report names realities, trends, and questions associated with life in Catholic parishes with Hispanic ministry based on the data collected. While the organization of the information is in itself an exercise of interpretation, a conscious decision has been made to let the data speak for itself as much as possible. Readers will encounter an emerging picture that tells a compelling story about the Catholic parochial experience seen through Hispanic eyes. These profiles introduce us anew to pastoral leaders in Hispanic ministry in somewhat stark, yet intimate ways.

The Hispanic Catholic pastoral and theological tradition in the United States has consistently turned to the See-Judge-Act methodological approach to reflect about matters of pastoral care and accompaniment. In light of this methodological perspective, this report is fundamentally the result of a long process of seeing.

The next step is an in-depth analysis of what the *National Study of Catholic Parishes with Hispanic Ministry* has found. We need to judge the findings in light of our shared experience and our faith tradition. This is truly an urgent task in our day as Catholics embrace the calling to a New Evangelization. In this context we ask: What does it mean to be a parish with Hispanic minis-

try? Sections of this report identify important themes and questions that will get the conversation going. Yet this analysis cannot be the work of a lone researcher or that of a small group of scholars and pastoral leaders. Neither is it the exclusive concern of Hispanic Catholics or those working in ministry with this particular population. It needs to be an effort of the entire Catholic community in the country: parishes, dioceses, organizations, academic institutions and guilds, etc., Hispanic and non-Hispanic.

The research team behind the national study will continue to lead the way developing and releasing in-depth analyses. A number of specialized reports on different areas of Hispanic ministry in Catholic parishes will follow this summary report. These analyses will take a closer look at the findings and read them in dialogue with recent scholarship on Hispanic ministry and pastoral practice. As this occurs, this and subsequent reports will inform the pastoral-theological reflection processes of the *Fifth National Encuentro for Ministry among Hispanics/Latinos*, convoked in June 2013 by the Committee on Cultural Diversity in the Church at the request of the Subcommittee on Hispanic Affairs at the United States Conference of Catholic Bishops. The processes will involve hundreds of thousands of Catholics at all levels in the life of the Church in the United States during the next few years, culminating in a national event. The wisdom from these many conversations and analyses will undoubtedly yield tools to advance better pastoral planning and ministerial action with the fast-growing Hispanic Catholic population in parishes, dioceses, and ministerial organizations. The ultimate goal is to inspire informed ministerial action in parishes and other ministerial settings that brings Catholics, Hispanic and non-Hispanic, into a transforming encounter with Jesus Christ in a spirit of missionary discipleship.

From this perspective, the present summary report serves as a blueprint. As such, it provides a good overview of a rather complex experience. Like every blueprint, however, it does not capture every aspect nor does it claim to be the only way to read reality. The report is an instrument to better understand Hispanic ministry in parishes today, discern important dynamics shaping the Hispanic Catholic experience, and build stronger parochial communities. ■

"Hispanic ministry is the Church's response to
the Hispanic presence. This ministry must be
seen as an integral part of the life and mission
of the Church in this country....It entails a
collaborative effort with the entire community
and honors their history, their faith traditions,
and the contributions Hispanic Catholics have
made in service to the Church and society."

—USCCB, *Encuentro and Mission*, n. 60

The National Study of Catholic Parishes with Hispanic Ministry

"The parish is not an outdated institution; precisely because it possesses great
flexibility, it can assume quite different contours depending on the openness and
missionary creativity of the pastor and the community. While certainly not the
only institution which evangelizes, if the parish proves capable of self-renewal
and constant adaptivity, it continues to be 'the Church living in the midst of the
homes of her sons and daughters.' This presumes that it really is in contact with
the homes and the lives of its people, and does not become a useless structure
out of touch with people or a self-absorbed group made up of a chosen few."

—Pope Francis, *Evangelii Gaudium*, 28

Geographical Distribution of Parishes with Hispanic Ministry

The geographical distribution of parishes with Hispanic ministry is consistent with the distribution of the Hispanic Catholic population in the United States, yet it is different from the distribution of all U.S. parishes. The vast majority of parishes with Hispanic ministry are in the South (38 percent) and the West (23 percent). Only 15 percent are in the Northeast and 24 percent in the Midwest.

REGION	HISPANIC PARISHES	ALL PARISHES
NORTHEAST	15%	24%
MIDWEST	24%	37%
SOUTH	38%	22%
WEST	23%	17%

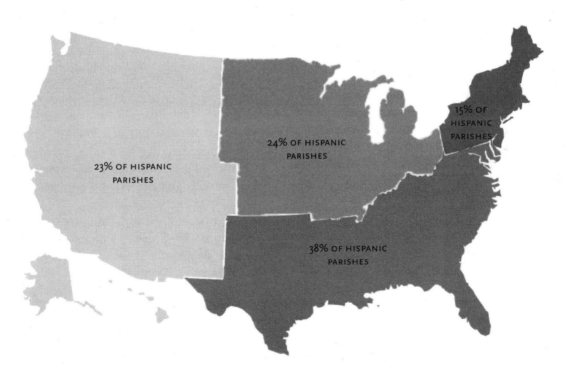

THE **NORTHEAST** REGION INCLUDES CONNECTICUT, MAINE, MASSACHUSETTS, NEW HAMPSHIRE, RHODE ISLAND, VERMONT, NEW JERSEY, NEW YORK, AND PENNSYLVANIA.

THE **MIDWEST** REGION INCLUDES ILLINOIS, INDIANA, MICHIGAN, OHIO, WISCONSIN, IOWA, KANSAS, MINNESOTA, MISSOURI, NEBRASKA, NORTH DAKOTA, AND SOUTH DAKOTA.

THE **SOUTH** REGION INCLUDES DELAWARE, THE DISTRICT OF COLUMBIA, FLORIDA, GEORGIA, MARYLAND, NORTH CAROLINA, SOUTH CAROLINA, VIRGINIA, WEST VIRGINIA, ALABAMA, KENTUCKY, MISSISSIPPI, TENNESSEE, ARKANSAS, LOUISIANA, OKLAHOMA, AND TEXAS.

THE **WEST** REGION INCLUDES ARIZONA, COLORADO, IDAHO, MONTANA, NEVADA, NEW MEXICO, UTAH, WYOMING, ALASKA, CALIFORNIA, HAWAII, OREGON, AND WASHINGTON.

Anatomy of Catholic Parishes with Hispanic Ministry

When identifying parishes with Hispanic ministry, most diocesan offices and parish leaders involved in this area of the Church's life use *Spanish* as the main referent. Thus, Hispanic ministry is widely understood as ministry with Spanish-speaking Catholics. Catholics actively involved in these communities are largely immigrants. The use of Spanish, nonetheless, is not exclusive of Hispanics who are not immigrants and/or may prefer English as their everyday language. As the U.S.-born Hispanic Catholic population increases, parishes with Hispanic ministry may need to expand services in both languages and shift resources to emerging priorities. Many parishes, as some of the findings in this report show, are already doing this.

WHEN HISPANIC MINISTRY BEGAN

Responding parishes typically began celebrating Masses and baptisms in Spanish in 1995. About one in five report offering these services before 1975. Thirteen percent started doing so between 1975 and 1984, 16 percent between 1985 and 1994, and 36 percent between 1995 and 2004. Fifteen percent indicate starting these in 2005 or later.

Six percent of U.S. parishes with Hispanic ministry were created as a result of a merger with at least one other parish in the last decade. Fifteen percent were clustered, linked, or yoked with another parish during this period (i.e., multi-parish ministry). Six percent have had their parish boundaries affected by the creation of a new parish in their area. Five percent have been affected by a parish closing since 2002.

SHARING HISPANIC PARISHES

Forty-three percent of parishioners at parishes with Hispanic ministry on average are non-Hispanic white and 4 percent are Asian, Native Hawaiian, or Pacific Islander. Three percent are black, African American, or African, and 1 percent American Indian or Alaska Native. Hispanic parishes are no more likely to be consolidated than the rest of parishes nationwide. However, they are less likely than parishes nationally to be part of a multi-parish ministry model (i.e., when the parish is clustered, linked, yoked, twinned, paired, or is a sister parish with at least one other parish).[9]

HISPANIC PARISHIONERS

On average, 72 percent of Hispanics active in responding parishes are estimated to share a Mexican background. Five percent are Puerto Rican. Fewer than 5 percent each, on average, are Guatemalan (4 percent), Salvadoran (4 percent), Dominican (4 percent), other Central American (3 percent), or Cuban (1 percent). Six percent are estimated to be South American. These numbers do not represent the exact demographic distribution of these groups in the United States, yet give us a sense of what groups are more actively involved in Catholic parishes with Hispanic ministry.

Thirty-one percent of pastors in these parishes report that half to three-fourths of Hispanic households attending Mass are formally registered with the parish. Twenty-one percent estimate 75 percent to 100 percent of Hispanic households attending are registered with the parish. On average, pastors indicate that 46 percent of Hispanic households attending Mass are registered with their parish (median observation of 50 percent).

WORSHIP IN THE HISPANIC PARISH

Ninety-eight percent of responding parishes indicate that they offer sacraments and other religious services in Spanish. Liturgical life clearly plays a central role in the dynamics of these communities.

- Parishes with Hispanic ministry have on average four weekend Masses (Sunday and Saturday Vigil) and six weekday Masses. Of these, one or two of the weekend Masses are likely to be in Spanish (average of 1.6) and one of the weekday Masses is likely to be in Spanish (average of 1.1). Ten percent of responding parishes do not have a Spanish language Mass during the weekend and 65 percent do not have a Spanish language Mass on weekdays.

- On average, 1,419 parishioners attend weekend Masses at parishes with Hispanic ministry. This is about 22 percent higher than the average for all parishes nationally (1,110 parishioners). The median for Mass attendance on weekends in parishes with Hispanic ministry is 1,000 parishioners, compared to 750 in all parishes.[10] About half (48 percent) of these parishioners attending Mass are Hispanic. In more than a third (34 percent) of these communities, 1,400 parishioners or more attend on a typical October weekend. Twenty percent of parishes report a total of 344 parishioners or fewer attending weekend Mass regularly.

- The higher the number of Hispanic Catholics attending Mass in a parish, the more likely they are to attend Mass in Spanish. In general, Hispanic parishes have low rates of attendance at weekday Masses in Spanish compared to all parishes nationwide.[11]

- Fourteen percent of responding parishes indicate that they celebrate Mass in languages other than English or Spanish. The most common languages noted are Vietnamese (3.3 percent), Tagalog (2 percent), Latin (1.6 percent), Polish (1.4 percent), Portuguese (1.2 percent), French (1 percent), and Korean (1 percent).

- Eighty-four percent of responding parishes celebrate bilingual Masses (English and Spanish) during the year. Most (61 percent) indicate doing so fewer than 10 times per year. The times of the year when most bilingual Masses are celebrated are Advent, Lent, and Holy Days of Obligation. Christmas and Easter Masses are the most common, followed by Ash Wednesday services. Weddings, *quinceañeras*, First Communions, and Confirmations are often celebrated bilingually.

- On average, parishes with Hispanic ministry celebrated 82 baptisms in Spanish in 2011 and 36 in English. Parishes in the West and those where Hispanics are more than 75 percent of Catholics attending Mass have higher numbers of baptisms celebrated in Spanish.

THE ADMINISTRATION OF PARISHES WITH HISPANIC MINISTRY

Nearly two-thirds of responding parishes (63 percent) have more than one priest serving their parishes. When that is the case, it is likely that at least one of these priests is Hispanic.

In parishes with Hispanic ministry, the number of Catholics attending Mass is larger compared to all parishes in the country. At the same time, responding parishes have more parishioners per staff person than the average Catholic parish in the United States. On average, there are 4.5 staff members who self-identify as Hispanic and 3.8 who speak Spanish in them. Less than half of staff members in these communities are, on average, Hispanic or speak Spanish.

WHEN ASKED TO NAME THE SPIRITUAL/LITURGICAL CELEBRATIONS THAT ATTRACT THE LARGEST NUMBERS OF HISPANIC PARISHIONERS, AN OPEN-ENDED QUESTION, PARISHES RESPONDED:	
LENT, ASH WEDNESDAY, HOLY WEEK, EASTER, ETC.	30%
OUR LADY OF GUADALUPE	25%
SACRAMENTS, MASSES, WEDDINGS, FIRST COMMUNIONS, ETC.	19%
ADVENT, CHRISTMAS, CHRISTMAS EVE, EPIPHANY	10%

On average, responding parishes receive $7,744 in weekly parish offertory collections (median of $5,000). This is 15.7 percent lower than the average $9,191 collected in all parishes nationally. On average, $1,502 of the weekly offertory in responding parishes comes from parishioners at Spanish language Masses (median of $840). Study findings reveal that the higher the percentage of Hispanic parishioners attending Mass in a parish the smaller the total of revenues and expenses (see chart).

Fifty-four percent of responding parishes have a receptionist or secretary that speaks Spanish. This is most common in parishes in the West (83 percent) and those with at least 50 percent of parishioners attending Mass who self-identify as Hispanic (83 percent).

While 55 percent of parishes with Hispanic ministry have a paid music director, only 20 percent of these individuals speak Spanish and 19 percent self-identify as Hispanic. Twenty-six percent of parishes serving Hispanic Catholics have a paid music director in charge of the Spanish-language choir(s). Three of five of these individuals are Hispanic.

A common phenomenon in parishes with Hispanic ministry is the existence of consultative bodies alongside canonically sanctioned Pastoral Councils. These consultative groups are mainly constituted by Hispanic leaders and primarily address issues related to the Hispanic community. Fifty-eight percent of parishes in the Northeast have such Hispanic consultative groups, 52 percent in the West, 51 percent in the Midwest, and 44 percent in the South.

OTHER AREAS OF PARISH LIFE

Responding parishes are most likely to have offered the following groups, meetings, classes, or events

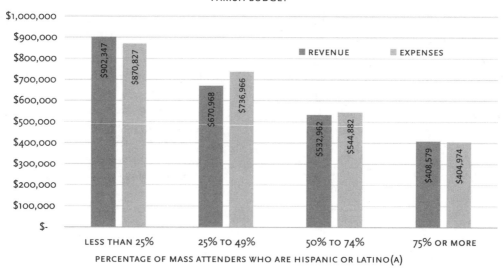

PARISH BUDGET

$902,347 | $870,827 (Less than 25%)
$670,968 | $736,966 (25% to 49%)
$532,962 | $544,882 (50% to 74%)
$408,579 | $404,974 (75% or more)

■ REVENUE   ■ EXPENSES

LESS THAN 25%   25% TO 49%   50% TO 74%   75% OR MORE

PERCENTAGE OF MASS ATTENDERS WHO ARE HISPANIC OR LATINO(A)

within the last year: service or volunteer projects in the community (82 percent), strategic planning discussions (82 percent), classes for married couples (71 percent), meetings for the assessment of parish needs (70 percent), sessions to discuss parenting issues (62 percent), and meetings to learn about religious charitable work in other countries (50 percent).

Fewer than half of parishes have done the following in the last year: group discussions of books other than the Bible (47 percent), voter registration efforts (43 percent), classes for learning English (41 percent), meetings to discuss political issues (38 percent), and meetings to plan lobbying of elected officials (20 percent).

Twenty-nine percent of responding parishes report doing formal outreach to Hispanics in prison. Within this group, parishes in the South (33 percent) are more likely than those in the West (24 percent), Northeast (26 percent), and Midwest (27 percent) to do so.

PERCEPTIONS ABOUT PARTICIPATION IN PARISH LIFE
Parishes are distinctive spaces where Catholics meet to share the gift of faith, be nourished spiritually through prayer and celebration, experience the joy of belonging to a community of believers, and be sent out to live as authentic Christian disciples in more intentional ways. Though vital for many of these dynamics to occur with a degree of intentionality, parishes are not

HOW INTEGRATED WOULD YOU SAY THE FOLLOWING HISPANIC/LATINO(A) SUBGROUPS ARE TO THE LARGER LIFE OF THE PARISH (E.G., LEADERSHIP, COLLABORATION WITH NON-HISPANIC/LATINO(A) GROUPS, PARTICIPATING IN COMMON SOCIAL PROJECTS, LITURGICAL LIFE)?

	FULLY	VISIBLY, THOUGH NOT FULLY	MINIMALLY	NOT AT ALL
HISPANIC/LATINO(A) IMMIGRANTS	9%	37%	34%	20%
CHILDREN OF HISPANIC/LATINO(A) IMMIGRANTS	6	30	39	25
HISPANIC/LATINO(A)S BORN AND RAISED IN THE UNITED STATES UNDER AGE 18	6	28	41	25
HISPANIC/LATINO(A)S BORN AND RAISED IN THE UNITED STATES AGE 18 AND OLDER	9	33	35	23

the end goal of Catholic life. The role of the parish is rather mediatory. In culturally diverse contexts like the Catholic experience in the United States, the parish often mediates the Christian experience while accompanying Catholics from various backgrounds in negotiating questions of pluralism, cultural difference, and language.

One way to get a sense of how well parishes with Hispanic ministry are doing accompanying Hispanic Catholics to benefit from the resources of their faith communities is by looking at perceptions about participation. We asked pastoral leaders overseeing Hispanic ministry in the parishes involved in this study: *How integrated would you say the following Hispanic/Latino(a) subgroups are to the larger life of the parish (e.g., leadership, collaboration with non-Hispanic/ Latino(a) groups, participating in common social projects, liturgical life)?*

Less than 10 percent of pastoral leaders perceive Hispanic parishioners in all subgroups as "fully" integrated. Most either say that these groups are "visibly, though not fully" or "minimally" integrated in the parish. One in five or more say these groups are "not at all" integrated. However, responses for the "minimally" and "not at all" options together yield a total of more than 50 percent for all subgroups for all groups. "Minimally" is the median response.

Apostolic Movements in Parishes Serving Hispanic Catholics

Apostolic movements play a very important role in Catholic parishes with Hispanic ministry throughout the United States. The Catholic Charismatic Renewal is the most widespread apostolic movement in these communities, with exactly half of all responding parishes indicating that it is active in them. A third (34 percent) of all parishes report the presence of the Knights of Columbus. Three in 10 reported that the *Cursillo* movement is active and one in five note the same about the Legion of Mary. *Jóvenes Para Cristo* and the *Movimiento Familiar Cristiano* are equally reported as being active in 13 percent of all responding parishes. Other apostolic movements significantly present in parishes with Hispanic ministry are: Juan XXIII (7 percent), Neocatechumenal Way (5 percent), Schoenstatt (2 percent). Other apostolic initiatives identified as apostolic movements reported are: *Amor en Acción*, Communion and Liberation, ACTS (Adoration, Community, Theology, and Service), *Nocturnal Adoration*, Apostolate of the Cross (*Apostolado de la Cruz*), Divine Mercy, Marriage Encounter, Emaús, Bible Study, *Guadalupanos*, small ecclesial communities, prayer groups, and RENEW International.

The following apostolic movements in parishes are identified as having the largest average membership among Hispanics: Catholic Charismatic Renewal (23 percent), *Cursillo* (11 percent), and the Knights of Columbus (5 percent).

Parish Directors of Hispanic Ministry report that the average number of Hispanics per parish who regularly participate in activities (e.g., prayer group, small community) of one or more apostolic movements is 174 (median of 73). Comparing this number to the average number of Catholics regularly attending Mass on weekends in parishes with Hispanic ministry (namely 1,419), of whom 48 percent are Hispanic, we can estimate that about 25 percent of the active Hispanics in these parishes are somewhat associated with an apostolic movement. Aware that 40 percent of self-identifying Hispanic Catholics attend Mass on a typical weekend,[12] we can estimate that close to 10% of all active Hispanic Catholics are somewhat associated with an apostolic movement at the parish level. On average, parishes in the Midwest have the smallest number of Hispanics affiliated with an apostolic movement.

A FEW NOTES ON THE CATHOLIC CHARISMATIC RENEWAL

The apostolic movement most present (50 percent) in parishes with Hispanic ministry is the Catholic Charismatic Renewal. Note that this number refers to presence of the movement in parishes, not overall affiliation of Hispanic Catholics to this particular spirituality. The Catholic Charismatic Renewal...

- When present, is typically the largest movement in the parish.

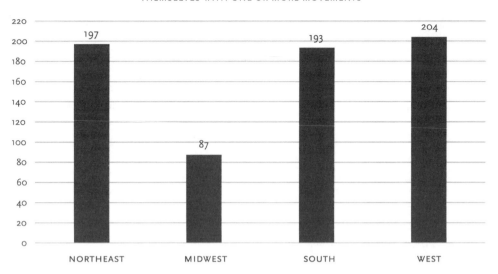

- Though widespread throughout the country, is strongest in the Northeast and the West.

- Is the most likely movement to form small groups, select their own catechetical materials, and celebrate Mass on a regular basis inspired in its spirituality.

- Has been instrumental in fostering vocations to leadership among Hispanic Catholics. Responding parishes identified this apostolic movement as the most likely to provide formation for its leaders, have a priest and/or a permanent deacon formed in its spirituality accompanying its members, and inspire vocations to the priesthood and vowed religious life.

INFLUENCE OF APOSTOLIC MOVEMENTS IN PARISH LIFE

Two-thirds of parishes with Hispanic ministry say that at least one apostolic movement at their parish has prayer groups rooted in the movement's particular spirituality. In 53 percent of parishes, apostolic movements form small faith communities. Forty-eight percent indicate apostolic movements have their own catechetical materials. Fewer, 36 percent, say apostolic movements celebrate Mass on a regular basis inspired in their spirituality. In 34 percent of parishes, a priest formed in the spirituality of an apostolic movement accompanies members on a regular basis. One in five indicate that a deacon formed in the spirituality of the movement does so. Fifteen percent of Hispanic ministers report vocations to the priesthood inspired by an apostolic movement. Nine percent indicate vocations to vowed religious life.

The Parish with Hispanic Ministry: Observations

Hispanics account for 71 percent of the growth of the Catholic population in the United States since 1960. Such growth has directly impacted the number of Catholic parishes in the United States that have intentionally developed structures, programs, and strategies to serve this population. Twenty-five percent of all parishes in the United States have Hispanic ministry. However, the number of parishes with Hispanic ministry has not increased at the same rate as the larger Hispanic Catholic population.

Since most parishes with Hispanic ministry are located in the South and the West (61 percent), also the regions of the country where most of the growth of the Catholic population is taking place, Catholic parishes with Hispanic ministry in these geographical locations assume most of the responsibility for welcoming, serving, and integrating Hispanic Catholics into the life of the Church in the United States. It is imperative that strategic pastoral planning efforts at the regional and national levels make it a priority to strengthen evangelizing initiatives, ministerial development, and the building of organizational structures to better support Catholic parishes serving Hispanics in these geographical areas.

Overall, parishes with Hispanic ministry have fewer resources compared to parishes without this ministry. Many struggle financially. Resources are even scarcer in parishes where Hispanics are more than half of the entire parish population. Under these circumstances, these communities cannot invest what is needed to meet their growing demands. Pastoral planning in the near future will require that more parishes serve Hispanic Catholics, and that service will need to be appropriately resourced. In the meantime, more resources need to be allocated to those parishes already serving Hispanic Catholics.

Pastoral observation confirms that for many Hispanic Catholics, particularly immigrants, parishes are trustworthy institutions that facilitate communal belonging and participation. Most Hispanic ministry efforts, at least as presently defined by dioceses and parishes nationwide, focus on meeting the immediate spiritual, sacramental, and social needs of Hispanic immigrants and their immediate families. Data from this study shows that parishes are being defined and redefined by such Hispanic presence. Growing trends such as bilingualism and initiatives in English that incorporate key elements of the various Hispanic cultural and religious traditions point to an even deeper transformation of the U.S. Catholic parochial experience. Despite these ongoing transformations, it is of concern that pastoral leaders from more than half of parishes with Hispanic ministry consistently report that Hispanic Catholics at all age levels, immigrants and U.S.-born, are "visibly, though not fully" or "minimally" integrated in the life of the parish. All these dynamics together demand a renewed vision for ministry, creativity as well as flexibility, and a body of pastoral leaders appropriately prepared to serve in these communities.

The Hispanic Catholic experience in the United States is closely linked to the presence and vibrancy of apostolic movements. Ministry in these parochial communities will benefit significantly from partnering with the apostolic movements in them and their leaders to facilitate effective evangelizing initiatives among Hispanic Catholics. More attention is to be given to the integration of these groups into the larger ministerial strategies in the parish so they do not function as independent, perhaps isolated units. Also, pastoral leaders overseeing Hispanic ministry will benefit from learning more about the apostolic movements and their contributions to parish life. Apostolic movements are effective in developing and sustaining new leadership, forming small communities to pray and study, and keeping Hispanic Catholics actively involved in the life of the parish. ∎

Questions for Dialogue and Reflection

1. In what ways do Hispanic Catholics positively impact the experience of parish life? Is everyone in the parish aware of such impact?

2. What are some of the most urgent challenges that parishes with Hispanic ministry face? What should we do to respond to these challenges?

3. What can parishes with Hispanic ministry do to integrate better the energy and vitality of apostolic movements?

The National Study of Catholic Parishes with Hispanic Ministry

"Each Christian and every community must discern the path that the Lord points out, but all of us are asked to obey his call to go forth from our own comfort zone in order to reach all the 'peripheries' in need of the light of the Gospel "

—Pope Francis, *Evangelii Gaudium*, 20

The Pastor in Parishes with Hispanic Ministry

- Average age: 58 years old (younger than national average for all diocesan (62) and religious (66) clergy). Fifty-nine percent of current pastors in these communities are older than 55. Twenty-seven percent are between the ages of 55 and 64; 24 percent between 65 and 74; 8 percent are 75 and older.

- Most were ordained around the year 1985 (more recent than national average for all clergy: 1976). Fifteen percent of responding pastors were ordained for a diocese or religious institute outside of the United States. Having been ordained outside of the United States is more common for pastors serving in a parish in the West (22 percent) and South (19 percent) than in the Northeast (12 percent) and Midwest (6 percent).

- Sixty-eight percent were born in the United States (nationally, 89 percent are U.S.-born). Of these, 10 percent self-identify as Hispanic. Four percent say Spanish is their first language and 6 percent claim English and Spanish as first languages.

- Thirty-two percent were born outside of the United States. Twenty-six percent of responding foreign-born pastors indicated they were born in Mexico and 16 percent in Colombia. Ten percent were born in Ireland and 7 percent in the Philippines. Four percent were born in India and the same percentage in Poland as well as Cuba. Three percent were born in Italy and the same percentage in Peru. Two percent were born in Vietnam. The rest of foreign-born pastors identify 24 other countries of origin.

- Seventy-six percent say English is their first language; 16 percent identify Spanish as such. One percent claim English and Spanish as first languages. Seven percent indicated a first language other than Spanish or English.

- Sixty-nine percent are proficient in at least a second language. The same percentage reports proficiency in Spanish.

- Two-thirds self-identify as non-Hispanic white. Twenty-two percent self-identify as Hispanic. Nationally, 7.5 percent of priests self-identify as Hispanic or Latino.

- Five percent self-identify as Asian or Pacific Islander. Two percent as black, African American, African, or Afro-Caribbean. One percent self-identify as Native American or Alaskan.

- Ninety-one percent have a graduate-level degree with 14 percent having attained an ecclesiastical licentiature and 13 percent holding a doctoral degree. Nine percent have only a bachelor's degree or its equivalent.

PASTORING MORE THAN ONE PARISH

A third of pastors are active in more than one parish. Nineteen percent are active in two parishes (i.e., the parish they are responding for and one other parish), 8 percent in three parishes, and 6 percent in four or more. Pastors in the Midwest are more likely to be active in more than one parish (41 percent). Nationally, 15 percent of priests active in parish ministry (i.e., other than just "helping out") are assigned to more than one parish.[13]

THE HISPANIC PASTOR

As indicated above, 22 percent of pastors in parishes involved in the study self-identify as Hispanic. Responding pastors in the West (39 percent), South (24 percent), and Northeast (20 percent) are more likely than those in the Midwest (7 percent) to self-identify as Hispanic. Almost half of the pastors (48 percent) at parishes where 75 percent or more of Mass attendees are Hispanic self-identify as Hispanic.

CULTURAL COMPETENCE FOR HISPANIC MINISTRY

- Fifty-seven percent of responding pastors have received specific training to work with Hispanic Catholics in the United States. Sixty-four percent have met a U.S. Hispanic Catholic theologian, yet only 28 percent have worked with such an individual. Fifty-four percent of pastors have lived in Latin America or Spain at some point in their lives.

- Respondents from parishes in the Northeast are most likely to have received Hispanic ministry training (70 percent) and to have lived in Latin America or Spain (61 percent). Those in the South are less likely to have received this training (59 percent) or lived in Latin America or Spain (51 percent).

- Forty-five percent of respondents specifically indicated the type of training they received. Among these respondents the most common types of training noted were courses at the Mexican American Catholic College (18 percent) and courses taken while in seminary (13 percent). Only four percent specifically noted diocesan training. However, it is likely that other workshops, courses, and seminars listed may be sponsored in part or fully by their dioceses.

The Parish Director of Hispanic Ministry

The Parish Director of Hispanic Ministry is the pastoral leader, most often a member of the parish staff, who oversees the day-to-day dynamics of pastoral planning and service directly associated with ministry to Hispanic Catholics in parishes.

- Average age: 54 years old. Forty-seven percent were born before 1960. About a quarter were born before 1950, 23 percent in the 1950s, and 28 percent in the 1960s. Only 26 percent were born in 1970s or later.

- Thirty-nine percent are priests, 37 percent lay (22 percent female and 15 percent male), 18 percent vowed religious (12 percent sisters and 6 percent brothers), and 6 percent deacons.

- Sixty-four percent self-identify as Hispanic. A third self-identify as non-Hispanic white. Respondents in the West are especially likely to self-identify as Hispanic (84 percent). This is least common in the Midwest (47 percent).

- Forty-one percent were born in the United States, of whom 31 percent self-identify as Hispanic. U.S.-born Directors are more common in the Northeast (51 percent) and Midwest (62 percent) than in the South (38 percent) or West (18 percent).

- Most foreign-born directors are from Mexico (46 percent), followed by Colombia (12 percent), Peru (4 percent), Guatemala (3 percent), El Salvador (3 percent), and Cuba (3 percent). Puerto Rico accounts for 6 percent. Other countries identified:

Venezuela, Ecuador, Nicaragua, Chile, Dominican Republic, Haiti, Honduras, and Jamaica. Eight percent were born outside of Latin America or the Caribbean.

- Fifty-seven percent speak Spanish and 39 percent English as their first language. Four percent speak a language other than Spanish and English as their first. Overall, 94 percent of Directors of Hispanic Ministry are proficient in Spanish.

- Most work only in one parish (71 percent). Thirteen percent are active in two parishes, 7 percent in three parishes, and 9 percent in 4 parishes or more. Directors in the Northeast are most likely to be involved in more than one parish (43 percent), Directors in the West are the least likely to do so (15 percent).

- Twenty-eight percent advance this ministry in parishes as volunteers or unpaid ministers.

- The average annual salary of a Parish Director of Hispanic Ministry is $17,449. This average includes volunteers and ministers earning $0. Among those who are paid for their ministry, the average annual salary is $24,078.

YEAR YOU BEGAN IN...			
	CATHOLIC MINISTRY IN ANY SETTING	CATHOLIC MINISTRY IN A PARISH SETTING	HISPANIC MINISTRY IN A PARISH SETTING
BEFORE 1960	5%	3%	<1%
1960 TO 1974	20	14	9
1975 TO 1989	31	27	18
1990 TO 2004	34	40	40
2005 TO PRESENT	10	16	33
AVERAGE:	1986	1990	1996
MEDIAN:	1986	1993	2001

The average year Directors indicate beginning work in Hispanic Ministry is 1996. A third of respondents began working in Hispanic ministry in the last decade.

EDUCATION AND CULTURAL COMPETENCE BACKGROUND

Fifty-six percent of Directors of Hispanic Ministry have graduate-level education. One in four have completed only a bachelor's degree (24 percent). One in five only have a high school diploma or GED equivalent (20 percent). Sixty-one percent of Directors have received specific training to work in Hispanic Ministry in the United States. Fifty-six percent have met a U.S. Hispanic Catholic theologian, only 24 percent indicate they have worked with such an individual. Sixty-nine percent of Directors have lived in Latin America or Spain at some point in their lives. This is most common among those in the Northeast (79 percent) and Midwest (76 percent).

The Director of Religious Education (DRE) for Hispanic Catholics

Aware that in some parishes the person or team overseeing religious education for the entire community is not always the same person who does so with Spanish-speaking parishioners, instructions were given to have the person who works most directly on religious education programming with Hispanic Catholics respond to the survey. The title Director of Religious Education is used flexibly in this context. Most responders are on staff.

- Average age: 51 years old. Fifty-four percent are older than 50. A quarter (26 percent) are in their 40s and 16 percent in their 30s. Only 4 percent are younger than 30.

- Sixty percent are lay women and 16 percent lay men. Seven percent are vowed women religious and 3 percent non-ordained vowed religious men. Ten percent are priests and 4 percent permanent deacons.

- Fifty percent self-identify as Hispanic. Of these, 31 percent were born in the United States. Forty-six percent self-identify as non-Hispanic white. Only 2 percent self-identify as Black/African American), 1 percent Asian, and 1 percent Native American. DREs in the West (61 percent) are more likely than those in the Northeast (49 percent), South (42 percent), or Midwest (25 percent) to self-identify as Hispanic.

- Sixty-four percent were born in the United States. DREs in the Midwest (72 percent) and South (71 percent) are more likely than those in the Northeast (58 percent) or West (53 percent) to be born in the United States.

- Thirty-six percent are foreign-born. Most in this group were born in Mexico (53 percent of the foreign-born and 15 percent of all responding DREs). In total, 22 percent of DREs were born in a Latin American country. Most of the remaining 14 percent of foreign-born respondents indicate a place of birth in Europe.

- Sixty-one percent speak English and 33 percent Spanish as their first language. Four percent identify English and Spanish as first languages. Two percent speak a language other than Spanish and English as their first. Overall, 57 percent of DREs in parishes with Hispanic ministry are proficient in Spanish.

- Most work only in one parish (85 percent). Seven percent are active in two parishes, 5 percent in three parishes, and 3 percent in 4 parishes or more.

- Twenty-one percent advance this ministry in parishes as volunteers or unpaid ministers.

- The average annual salary of a Director of Religious Education in a parish with Hispanic ministry is $21,218. This average includes volunteers and ministers earning $0. Among those who are paid for their ministry, the average annual salary is $26,857. Salaries for DREs in parishes with Hispanic ministry are higher in the Midwest and the West. The Northeast has the lowest average salary for this group of pastoral leaders.

YEAR YOU BEGAN IN...			
	CATHOLIC MINISTRY IN ANY SETTING	CATHOLIC MINISTRY IN A PARISH SETTING	HISPANIC MINISTRY IN A PARISH SETTING
BEFORE 1980	24%	17%	5%
1980 TO 1989	28	25	14
1990 TO 1999	25	25	22
2000 TO 2009	20	29	45
2010 TO PRESENT	2	5	14
AVERAGE:	1988	1992	1999
MEDIAN:	1989	1993	2001

The average year DREs indicate beginning work in Hispanic Ministry is 1999. The majority (59 percent) began in Hispanic ministry since 2000.

EDUCATION AND CULTURAL COMPETENCE BACKGROUND

- Forty-one percent of pastoral leaders overseeing faith formation programs for Hispanic Catholics have graduate-level education (35 percent master's degrees, 3 percent ecclesiastical licentiature, and 3 percent doctoral degrees). Thirty-five percent have completed only a bachelor's degree. One in four have only a high school diploma or GED equivalent (24 percent). DREs in the Northeast (41 percent) and Midwest (39 percent) are more likely than those in the South (33 percent) and West (31 percent) to have a master's degree.

- Eighty-four percent of responding DREs indicate that they have had some formal ministerial or religious education. Most received this in a certificate or correspondence program (36 percent) or in graduate school (27 percent).

- Forty-nine percent of DREs have received specific training to work with Hispanic Catholics in the United States. One in four received this training in their diocese. Yet, more than half do not report having received such training. Fifty-four percent have met a U.S. Hispanic Catholic theologian, but only 22 percent indicate they have worked with such an individual. Thirty percent of DREs have lived in Latin America or Spain at some point in their lives. This is most common among those in the Northeast (54 percent) and West (40 percent).

Hispanic Permanent Deacons

It is estimated that 2,250 (about 15 percent) of all active Catholic permanent deacons in the United States are Hispanic. Responding parishes in the West (44 percent) and the Northeast (39 percent) are more likely than those in the South (34 percent) and Midwest (21 percent) to have a Hispanic permanent deacon.

- Two-thirds (68 percent) were ordained after the year 2000. One in four were ordained since 2010.

- Thirty-six percent were born in the United States. This is much more common among deacons in the South (41 percent) and the West (40 percent).

- Most foreign-born deacons are from Mexico (46 percent), followed by Puerto Rico, a U.S. territory (22 percent). Other countries identified: Colombia, Cuba, Dominican Republic, Ecuador, El Salvador, Nicaragua, Panamá, Peru, and Spain.

- Ninety-seven percent speak Spanish and two-thirds (66 percent) serve the English-speaking community in their parishes. Hispanic permanent deacons in the Northeast are the least likely to also serve English-speaking parishioners (39 percent).

- Seventy-nine percent preach on a regular basis. Of those who preach, 48 percent indicate that they do so once a month and 18 percent preach once a week.

- Sixty-one percent were parishioners in the community where they now serve as ordained ministers. This is most common in the Midwest (68 percent).

- Twenty-five percent hold a paid position in their parishes.

- Nearly half (47 percent) provide fewer than 10 hours of service to their parish per week. Twelve percent provide forty or more hours of service weekly.

FORMATION OF HISPANIC DEACONS

About nine in 10 dioceses participating in the study (89 percent) report having a diaconate formation program. Three in four programs of diaconal formation offer classes *only in English* for all candidates, including Spanish-speaking ones. Twelve percent provide classes primarily in English with some in Spanish. Twelve percent offer a curriculum either entirely in Spanish (4 percent) or one in which the majority of classes are in Spanish (8 percent).

Almost a third of responding dioceses with permanent diaconate programs (31 percent) have one or two Hispanic candidates enrolled and another third (34 percent) three or more. Slightly more than a third of dioceses (35 percent) have no Hispanic candidates enrolled in their programs. Dioceses in the West and those with 300,000 or more Hispanic Catholics have the largest numbers of Hispanic diaconate candidates on average.

Only 16 percent of formation programs require all candidates to take courses in Hispanic ministry and theology. A much smaller number (7 percent) require non-Hispanic candidates to learn Spanish.

WHAT BEST DESCRIBES HIS HIGHEST LEVEL OF EDUCATION?

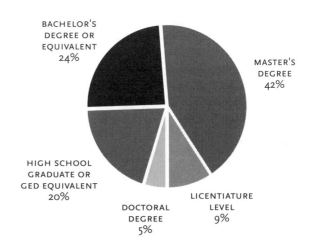

BACHELOR'S DEGREE OR EQUIVALENT 24%

MASTER'S DEGREE 42%

HIGH SCHOOL GRADUATE OR GED EQUIVALENT 20%

DOCTORAL DEGREE 5%

LICENTIATURE LEVEL 9%

Educational Attainment among Hispanic Permanent Deacons

Vowed Religious Doing Hispanic Ministry

The presence of vowed religious women and men in parishes with Hispanic ministry is very significant. The variety of charisms embodied by these pastoral leaders enriches the work of evangelization with Hispanic Catholics in many ways: education, catechesis, mission work, care of immigrants, social justice, etc.

The level of involvement of vowed religious women and men varies from community to community. There are individual members from various congregations, sometimes small teams, serving in these parishes. Some of these individuals were born and raised in the United States. Others migrated in recent years to assist dioceses and parishes in serving the fast-growing Hispanic Catholic population. Slightly more than 100 parishes with Hispanic ministry were identified by the research team in preparation for the study as being administered by religious congregations nationwide. Many of these parishes are located in urban, inner-city contexts.

Some groups like the Claretians, Franciscans, and Redemptorists are well known in Hispanic Catholic circles for dedicating a great part of their efforts to serving this population in parishes and through their media ministries. Among the congregations most mentioned as administering parishes with Hispanic ministry and those identified via background research are: Augustinians, Benedictines, Carmelites, Claretians, Dominicans, Franciscans, Capuchin Franciscans, Conventual Franciscans, Jesuits, Redemptorists, and Salesians.

Dioceses in the West (69 percent) and those with 300,000 or more Hispanic Catholics (94 percent) are most likely to have Latin American members of a religious order/community serving Spanish-speaking Catholics. Dioceses in the Midwest (36 percent) and those with less than 100,000 Hispanic Catholics (29 percent) are the least likely to have such members present and active.

WOMEN'S RELIGIOUS ORDERS/COMMUNITIES SERVING HISPANIC CATHOLICS

Half of responding dioceses report having members of at least one Latin American order/community of women religious serving Spanish-speaking Catholics in their territory. Of these, 43 percent report having members of one of these orders/communities, 23 percent have members of two, and 10 percent report having members of three orders/communities of women religious. The remaining 24 percent of dioceses report members of four or more orders/communities of women religious with a maximum number of 30 identified in one diocese. A total of 175 such orders/communities were identified by respondents.

MEN'S RELIGIOUS ORDERS/COMMUNITIES SERVING HISPANIC CATHOLICS

Twenty-six percent of responding dioceses report that there is at least one men's order/community serving Spanish-speaking Catholics in their territory. Of these, 32 percent indicate that there is only one and 36 percent report two men's orders/communities doing so. The remaining 32 percent report three or more men's orders/communities with a maximum number of 38 identified in one diocese. A total of 142 such orders/communities were identified by respondents.

Note: Further research is needed to better identify the country of origin of vowed religious members serving Hispanic Catholics in the United States as well as that of the congregations to which they belong, how they advance their ministry in parishes and dioceses, and the particularity of their charisms.

Diocesan Support for Hispanic Ministry: Structures, Commitments, and Personnel

One hundred seventy-two dioceses were identified throughout the country with formal structures serving Hispanic Catholics. Diocesan Directors of Hispanic Ministry (or their equivalent) from 95 dioceses completed their surveys. The median number of Hispanic Catholics in responding dioceses is 72,000. The median number attending a weekend Mass on a regular basis in these dioceses is 17,750. Twenty-nine percent of responding dioceses estimate having less than 40,000 Hispanic Catholics in their territories; 25 percent between 40,000 and 99,999; 25 percent between 100,000 and 299,999; and 22 percent 300,000 or more. Comparing these results with other national data sets, dioceses with larger Hispanic populations were more likely to respond to the survey sent as part of this study.

HIGH-LEVEL DIOCESAN ADMINISTRATION

Overall, 41 percent of bishops from responding dioceses speak Spanish. This is most common in the West (76 percent) and least common in the Northeast (24 percent). Dioceses with large numbers of Hispanic Catholics are more likely to have a Spanish-speaking bishop. Only 35 percent of bishops in dioceses with fewer than 40,000 Hispanic Catholics speak Spanish compared to 75 percent of bishops in dioceses with 300,000 or more Hispanic Catholics.

Twenty-nine percent of respondents indicate that their diocese has a Vicar for Hispanics. This is most common in the West (47 percent) and in dioceses with 300,000 or more Hispanic Catholics (50 percent). It is least common in the South (14 percent). Among the dioceses with a Vicar for Hispanics, 19 percent have a bishop serving in this role. This represents 5 percent of all responding dioceses.

THE DIOCESAN OFFICE OF HISPANIC MINISTRY

The majority of Catholic dioceses in the United States have an office that specifically oversees initiatives to serve Hispanics, Latinos, or the Spanish speaking. Thirteen percent of dioceses have located Hispanic ministry in offices with names unrelated to ethnicity, language, or culture (e.g., Office of Education and Formation, Chancellor's Office, Office of Social Concerns and Respect for Life).

The following is the geographical distribution of responding dioceses: 32 percent in the South, 27 percent in the Midwest, 22 percent in the Northeast, and 19 percent in the West. Responding dioceses closely approximate the distribution of territorial dioceses in the United States (31%, 31%, 18%, and 20 percent, respectively).

On average, the diocesan office responsible for ministry to Hispanic Catholics was established in 1990 (median year is 1993). More than a quarter of these offices (28 percent) have been established since 2000. Nineteen percent were established prior to 1980.

Sixty-three percent of the Offices of Hispanic Ministry function as independent units within the diocesan structure. This is more common in the South (80 percent), Midwest (65 percent), and Northeast (62 percent). Dioceses in the West are *least* likely to have an Office of Hispanic Ministry that functions as an independent unit (29 percent).

THE TASK

Forty-five percent of respondents indicate that their Office of Hispanic Ministry is responsible for the coordination of most diocesan pastoral and administrative activity with Spanish-speaking Catholics, although other diocesan offices share in that responsibility. More than a quarter (26 percent) say that their office is entirely responsible for this. About one in five indicate (21 percent) that the office operates as a liaison between the Hispanic

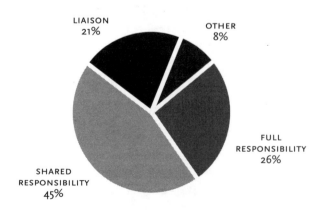

DIOCESAN OFFICES OF HISPANIC MINISTRY AND
PERCENTUAL DISTRIBUTION OF RESPONSIBILITIES
SERVING HISPANIC CATHOLICS

LIAISON
21%

OTHER
8%

FULL
RESPONSIBILITY
26%

SHARED
RESPONSIBILITY
45%

community and diocesan offices with direct coordination of pastoral and administrative activities, and that all diocesan offices have personnel and resources serving Hispanic Catholics.

About a quarter of Offices of Hispanic Ministry (26 percent) provide training for priests born in Latin America to better understand the ministerial context in the United States. Fifty-nine percent oversee religious education efforts for Spanish-speaking Catholics in the diocese. Nearly six in 10 (59 percent) are in charge of coordinating the diocesan initiatives to serve Hispanic youth.

HISPANIC MINISTRY WITHIN THE MULTICULTURAL MINISTRIES OFFICE

About one in five offices (19 percent) overseeing Hispanic ministry are part of a Multicultural Ministries office. Fifty-three percent of Directors of Multicultural Ministries offices self-identify as Hispanic and 77 percent speak Spanish. Forty-one percent of Directors of Multicultural Ministries dedicate more than 60 percent of their time and resources to Hispanic ministries. Nearly a quarter (23 percent) devote less than 20 percent to this area of ministry. Seventy-three percent of Multicultural Ministries offices have a person on staff directly in charge of Hispanic Ministry.

BUDGETING FOR HISPANIC MINISTRY

Eighty-seven percent of responding dioceses indicate their Office of Hispanic Ministry or its equivalent has an annual budget to work directly on projects for Spanish-speaking Catholics.[14] Offices in the South are most likely to have an annual budget to work directly on projects for Spanish-speaking Catholics (93 percent).

THE DIOCESAN DIRECTOR OF RELIGIOUS EDUCATION FOR HISPANICS

One in four dioceses (26 percent) have a Diocesan Director of Religious Education for Spanish-speaking Catholics. There are substantial differences by region and population size. Half of dioceses in the West and 35 percent of them in the South have a Director of Religious Education for Spanish-speaking Catholics. However, only 11 percent of dioceses in the Northeast and 11 percent in the Midwest have a Director. None of the responding dioceses with less than 40,000 Hispanic Catholics has a Director. However, 63 percent of those with 300,000 or more Hispanic Catholics do have a Director of Religious Education for Spanish-speaking Catholics.

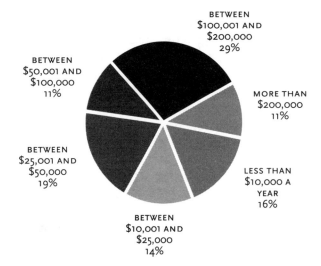

When a director of religious education for Hispanics exists, all diocesan offices of religious education provide programs of training for parish catechists in Spanish. Seventy-five percent purchase materials from a publishing company to train catechetical leaders in Spanish. Twenty-five percent develop their own materials locally.

THE DIOCESAN DIRECTOR OF YOUTH MINISTRY FOR HISPANIC CATHOLICS

Twenty-six percent of responding dioceses have a Director of Youth Ministry for Hispanic Catholics. The likelihood of a diocese having a Director of Youth Ministry for Hispanic Catholics increases with the size of the Hispanic population. Only 10 percent of dioceses with less than 40,000 Hispanic Catholics have a Director. By comparison, 60 percent of those with 300,000 or more Hispanic Catholics have a Director of Youth Ministry for Hispanic Catholics. Dioceses in the South and the West are most likely to have such a director (46 percent and 31 percent, respectively).

Ninety-six percent of Diocesan Directors of Youth Ministry for Hispanic Catholics in responding dioceses are paid. Median annual salary: $36,000. All self-identify as Hispanic and all speak Spanish. The majority (53 percent) are younger than 40. Seventy-seven percent have attained at least a bachelor's degree; half have a master's degree.

A third of dioceses (34 percent) have a pastoral institute
for faith and leadership formation serving Spanish-speaking Catholics. Dioceses in the Northeast (50 percent)
and West (41 percent) are most likely to have an institute
compared to those in the Midwest (28 percent) and South
(25 percent). Dioceses with 300,000 or more Hispanic
Catholics are most likely to have an institute (63 percent).

Forty-five percent of pastoral institutes are run by the
diocesan Office of Hispanic Ministry. Fourteen percent
are run by the diocesan Office of Religious Education.
Another 14 percent operate independently from diocesan
structures, yet work in collaboration with them. The
majority (55 percent) mainly use resources developed
at the local level while 41 percent use resources mainly
available through publishing companies.

The Diocesan Director of Hispanic Ministry

*Sixty-one percent of pastoral leaders overseeing Hispanic Ministry in responding dioceses hold the title
of "Director of Hispanic Ministry." Other common titles: Coordinator, Delegate, or Vicar of Hispanic
Ministry; Director of Multicultural Ministry. Dioceses with less than 40,000 Hispanic Catholics are most
likely to use the title Director of Hispanic Ministry (76 percent).*

- Median age: 52. Thirty-two percent are in their
40s, 33 percent in their 50s. Twenty-eight percent
are older than 60 and just 7 percent are younger
than 40.

- Forty percent are priests (31 percent diocesan and 8
percent religious). Forty percent are lay persons (21
percent lay men and 20 percent lay women). Eight
percent are permanent deacons and 11 percent are
vowed religious (11 percent religious sisters and 1
percent non-ordained religious brothers).

- Sixty-nine percent serve in their offices on a full-
time basis. Directors in the Midwest and South
are most likely to be in a full-time position (76
percent and 75 percent, respectively). Those in
the Northeast are least likely to be in a full-time
position (56 percent).

- Seventy-seven percent self-identify as Hispanic.

- Ninety-four percent speak Spanish fluently.

- Thirty-nine percent were born in the United States.

- Sixty-one percent are foreign-born. Most in this
group were born in Mexico (46 percent). Sixteen
percent were born in Colombia, 8 percent in Peru,
6 percent in Guatemala, and 2 percent in Europe.
The remaining 22 percent were born in various
other parts of Latin American and the Caribbean.

- Fifty-six percent came to work at the diocesan-level
transitioning from a parish in their diocese. Thirty-
nine percent came from another diocese.

- All responding directors have attained at least
a bachelor's degree or its equivalent. Eighty
percent have been educated at the master's degree
level, with 17 percent holding an ecclesiastical
licentiature and 9 percent a doctoral degree.

- Fifty percent report directly to their bishop. Such
level of reporting is least common when the
Hispanic Ministry office is within a larger office
such as "Multicultural Ministries" (35 percent).

- Responding diocesan directors typically began in
their current positions around the year 2007. Forty-
five percent started in 2010 or later. Forty-three
percent started in the 2000s. Ten percent started
in the 1990s and only 2 percent in the 1980s.

- Seventy-three percent received some form of
training in Hispanic Ministry and theology to work
with Hispanic Catholics in the United States.

- Seventy-three percent have resided in Latin
America or Spain at some point in their lives.
Among those in this group, 70 percent did so for
more than 10 years.

- Twenty-two percent advance this service in their
dioceses as unpaid ministers.

- The median annual salary of a Diocesan Director
of Hispanic Ministry (or its equivalent) is $45,000.
Eight percent earn $65,000 or more per year.
Twelve percent earn less than $25,000 per year.

Pastoral Leadership in Hispanic Ministry: Observations

Pastors play a major role in supporting Hispanic ministry in parishes. They normally determine the level of commitment and investment of resources in this area of parish life. Much of Hispanic ministry in current parishes is the fruit of the work of pastors trained in the years immediately following the Second Vatican Council. More than two-thirds speak Spanish fluently and the same number has received specific training to work with Hispanic Catholics. All in all they represent a major source of energy to move Hispanic ministry forward in parishes. However, about 32 percent are older than 65 and 27 percent between 55 and 64, most of them non-Hispanic white. In the midst of the upcoming leadership transition that parishes with Hispanic ministry will face, dioceses need to plan carefully to make sure that the next generation of priests and pastors is ready to meet the needs and demands of the Hispanic and culturally diverse communities where they will be serving.

As the Hispanic population increases, it is commendable that a growing number of pastoral leaders in key positions at the diocesan level have developed competencies to serve Hispanic Catholics, especially the ability to speak Spanish. Diocesan Directors of Hispanic Ministry report that about 41 percent of bishops in their dioceses speak Spanish. Twenty-nine percent of dioceses have a Vicar for Hispanics or a diocesan officer serving in a similar administrative position, most in dioceses with large numbers of Hispanics. Most dioceses have a Diocesan Director of Hispanic Ministry or an equivalent position. This represents a major commitment that needs to be maintained. At the same time, considering the present reality and trends, the above numbers are relatively small. More leaders in diocesan and parochial structures need to develop the competencies needed to serve Hispanic Catholics, not only those explicitly working with this population. In many places of the U.S. geography this is not an option any longer. This begs the question: Are we as Church training all pastoral leaders—in seminaries, universities, and pastoral institutes—with the appropriate competencies to serve a Church that is increasingly Hispanic? The fact that 1 of 5 Diocesan Directors of Hispanic Ministry are not paid for the work they do in this position and that practically half (49 percent) of diocesan offices have an annual budget below $50,000 calls for an examination of how much dioceses invest in this office compared to similar diocesan positions and programs as well as the level of priority of this ministry within diocesan structures.

When considering the race and ethnicity of pastoral agents involved in Hispanic ministry at top-level positions of diocesan and parish leadership, we observe that most are non-Hispanic white. Only 10 percent of active bishops are Hispanic. Twenty-two percent of pastors, 33 percent of all priests (diocesan and vowed religious), and 42 percent of vowed religious women reported as doing Hispanic ministry in parishes are identified as Hispanic. Beyond the world of Hispanic ministry, the number of Hispanics in such positions of leadership in parishes and dioceses drops significantly. The fact that many non-Hispanics are fully committed to Hispanic ministry reveals in many ways a great sense of mutuality and care in ministry. This also models the kind of pastoral leadership that is needed in a culturally diverse Church. Many Hispanic pastoral leaders do likewise. Compared to the overall size of the Hispanic Catholic population, however, the rather small number of Hispanic pastoral agents in higher decision-making positions in parishes and dioceses invites serious discernment. As Catholics we need to ask whether we are investing enough to form Hispanic pastoral leaders, U.S.-born and foreign-born, and are appropriately empowering them to assume such responsibilities. If not, then we must identify obstacles and establish pathways for that to happen.

There are two top areas of ministerial leadership where Hispanic Catholics are strongly represented: permanent deacons (58 percent of all deacons in parishes with Hispanic ministry) and Diocesan Directors of Hispanic Ministry (77 percent). These are positive developments.

Hispanic lay Catholics are also strongly represented in programs of faith formation and basic pastoral leadership programs. Yet, we must acknowledge that this level of formation seldom prepares them and rarely gives them the required credentials to be hired into positions of pastoral leadership in parishes, dioceses, and other organizations. This remains a still unresolved question in the conversation about Catholic lay ecclesial ministry in the United States. ∎

Questions for Dialogue and Reflection

1. What would you say are some of the richest gifts immigrant pastoral leaders bring to ministry in the Church in the United States? How can these gifts be enhanced to serve the needs of all Catholics in the country, not just Hispanics?

2. What can parishes with Hispanic ministry do better to foster among Hispanics vocations to ministerial service in the Church, particularly the ordained priesthood and religious life?

3. How can you and/or your parish leadership work better with diocesan structures to serve the needs of Hispanic Catholics, immigrants and U.S.-born?

"In all its activities, the parish encourages and trains its members to be evangelizers. It is a community of communities, a sanctuary where the thirsty come to drink in the midst of their journey, and a center of constant missionary outreach."

—Pope Francis, *Evangelii Gaudium*, 28

The National Study of Catholic Parishes with Hispanic Ministry

"The parish is, without doubt, the most important locus in which the Christian community is formed and expressed....The parish is also the usual place in which the faith is born and in which it grows. It constitutes, therefore, a very adequate community space for the realization of the ministry of the word at once as teaching, education and life experience."

—General Directory for Catechesis, n. 257

Religious Education Programming and Resources for Children

Nearly all parishes with Hispanic ministry (99.5 percent) have religious education programs for children. Ninety-five percent meet weekly and the remaining 5 percent do so less often.

ENROLLMENT OF HISPANIC CHILDREN

The average number of all children enrolled in responding parishes' religious education programs is 265. A third have between 100 and 249 children enrolled (34 percent) and 39 percent more than 250. The average number of Hispanic children enrolled in religious education programs in these parishes is 179. Thirty percent report between 100 and 249 Hispanic children; 21 percent report 250 or more Hispanic children enrolled. In parishes with Hispanic ministry throughout the country, on average, more than two-thirds of all children (68 percent) enrolled in religious education programs are Hispanic. In terms of regions, 75 percent of children enrolled in religious education programs in these parishes in the West are Hispanic, 71 percent in the Northeast, 65 percent in the South, and 60 percent in the Midwest.

LANGUAGE OF INSTRUCTION

Fifty-two percent of parishes indicate that their religious education program for children is conducted primarily in English. Twelve percent indicate these meetings are conducted primarily in Spanish. Thirty-six percent indicate bilingual meetings. There are significant regional variations as to language preferences: parishes in the West are least likely to conduct meetings only in English (38 percent) while those in the South are most likely to conduct meetings in this language (60 percent). Parishes in the West (44 percent) and Northeast (40 percent) are most likely to offer bilingual catechetical programs.

CATECHIST TRAINING

Most efforts to train catechetical leaders (56 percent) are provided through diocesan offices while 27 percent is done directly by parish staff. The majority of parishes benefit from a combination of both sources. Apostolic movements and religious orders also provide catechetical training in these parishes (5 percent and 4 percent of all efforts, respectively).

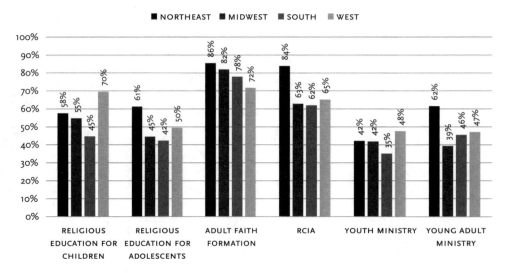

PARISH PROGRAMS AND MINISTRIES: PERCENTAGE OF PARISHES OFFERING EACH THAT CONDUCT THESE IN SPANISH, BY REGION

■ NORTHEAST ■ MIDWEST ■ SOUTH ■ WEST

	NORTHEAST	MIDWEST	SOUTH	WEST
RELIGIOUS EDUCATION FOR CHILDREN	58%	55%	45%	70%
RELIGIOUS EDUCATION FOR ADOLESCENTS	61%	45%	42%	50%
ADULT FAITH FORMATION	86%	82%	78%	72%
RCIA	84%	63%	62%	65%
YOUTH MINISTRY	42%	42%	35%	48%
YOUNG ADULT MINISTRY	62%	39%	46%	47%

Forty-five percent of catechists in responding parishes reportedly receive formation specifically oriented to teach Hispanic children and youth.

RESOURCES USED FOR CATECHESIS WITH HISPANIC CHILDREN

Forty-five percent of parishes with Hispanic ministry indicate that they use printed materials to educate Hispanic children in the faith. Of those parishes using printed materials...

- Seventy-two percent use bilingual publications
- Twenty-three percent use publications only in English
- Five percent use publications only in Spanish

Nine in ten parishes using printed materials follow textbooks. Only 10 percent of these parishes follow the Sunday lectionary as the primary text for faith formation of Hispanic children.

GETTING HISPANIC PARENTS INVOLVED

Most parishes with Hispanic ministry (66 percent) offer initiatives to involve Hispanic parents in the religious education programs in which their children are enrolled. This is most common in parishes in the West (78 percent) and least common in the South (59 percent).

The following chart highlights the areas in which Hispanic parents are involved when participating in these initiatives and the percentage of parishes saying they offer them. The percentages do not correspond to the total number of parents participating in such initiatives or programs.

PARENTAL INVOLVEMENT IN RELIGIOUS EDUCATION
PERCENTAGE RESPONDING "YES"

DO HISPANIC/LATINO(A) PARENTS FORMALLY PARTICIPATE IN THE RELIGIOUS EDUCATION PROGRAM(S) FOR THEIR CHILDREN?	66%
IF YES...	
ARE THE MEETINGS WITH THESE PARENTS CONDUCTED IN SPANISH?	87%
ARE PARENTS REQUIRED TO ATTEND MASS WITH THEIR CHILDREN?	85
ARE PARENTS ASKED TO FULFILL A HOMEWORK ASSIGNMENT WITH THEIR CHILDREN?	71
DO THEY GATHER FOR CLASSES AT THE SAME TIME THEIR CHILDREN MEET?	69
ARE PARENTS ASKED TO DO SERVICE PROJECTS WITH THEIR CHILDREN?	56
WHEN THESE PARENTS MEET DO THEY...	
DISCUSS A TOPIC ABOUT ADULT FAITH	65%
DISCUSS THE SAME TOPIC THEIR CHILDREN ARE STUDYING	55
READ SCRIPTURES	53
WATCH A RELIGIOUS VIDEO	27
PRAY THE ROSARY	13
"OTHER"	28

Faith Formation of Hispanic Adults

Seventy-nine percent of parishes with Hispanic ministry offer initiatives of faith formation for Hispanic adults. Two-thirds of these (62 percent) meet on a weekly basis. The Northeast has the largest percentage of parishes with faith formation offerings for Hispanic adults (90 percent), followed by the South (85 percent), the West (76 percent), and the Midwest (71 percent).

ENROLLMENT OF HISPANIC ADULTS

The number of people attending religious education classes for Hispanic adults is relatively small in most communities. The average of Hispanic adults participating in these initiatives is 44. Almost half (46 percent) of parishes report having fewer than 20 Hispanic adults enrolled in initiatives of adult faith formation. These numbers are significantly low when compared with the average number of Hispanic children in religious education programs in these parishes, namely 265.

LANGUAGE OF INSTRUCTION

The vast majority of parishes (79 percent) offering faith formation programs for Hispanic adults conduct meetings primarily in Spanish. Sixteen percent conduct these meetings bilingually. Five percent offer classes for this group primarily in English. Parishes in the Northeast are most likely to conduct these meetings in Spanish (85 percent). Parishes in the West are most likely to have bilingual meetings (19 percent).

CATECHETICAL RESOURCES USED FOR CATECHESIS WITH HISPANIC ADULTS

Seventy-eight percent of parishes with religious education programs for Hispanic adults use printed materials. The majority (58 percent) primarily use materials written in Spanish, 16 percent bilingual materials (Spanish and English), and 4 percent resources written in English. Parishes in the Northeast are most likely to use resources in Spanish (81 percent) while those in the South are most likely to use them in English (11 percent).

SPACES FOR ADULT FAITH FORMATION

The five most common spaces for faith formation of Hispanic adults in parishes with Hispanic ministry are:

1. RCIA (highlighted by 69 percent of parishes)
2. Bible study groups (highlighted by 60 percent of parishes)
3. Regular catechetical program (highlighted by 42 percent of parishes)
4. Small ecclesial communities (highlighted by 30 percent of parishes)
5. Prayer workshops (highlighted by 19 percent of parishes)

Other spaces mentioned for faith formation of Hispanic adults: baptism preparation, charismatic prayer group, and marriage preparation.

Faith formation as part of the RCIA process is most common in the Northeast. Parishes in the South are the most likely to offer Bible study courses.

Ministry to Hispanic Youth: Glimpses

PASTORAL PROGRAMMING FOR HISPANIC YOUTH

Only four in 10 parishes with Hispanic ministry have formal programs to minister specifically to Hispanic youth. The Northeast and West have the largest proportion of parishes with such programs (45 percent), followed by 36 percent of parishes in the Midwest and 26 percent of parishes in the South.

Forty-five percent of parishes with pastoral programs for Hispanic youth hold their meetings mainly in Spanish, 42 percent do it bilingually, and 13 percent in English. Parishes in the South are most likely to hold meetings in Spanish (69 percent).

Data collected from representatives of 1,311 Hispanic parish youth groups (grupos juveniles) participating in the process leading to the 2006 *Primer Encuentro Nacional de Pastoral Juvenil Hispana* (First National Encounter for Hispanic Youth and Young Adult Ministry) yielded the following observations about language use in these groups: 59 percent held meetings mainly in Spanish, 29 percent did it bilingually, and 12 percent in English.

Comparing both sets of results, we may be seeing a move toward more bilingual Hispanic youth groups in the last seven years.[15]

THE CHALLENGES OF DOING HISPANIC YOUTH MINISTRY AT THE PARISH LEVEL

Pastoral leaders in parishes with Hispanic ministry were asked the following open-ended question: *What would you say are the biggest challenges serving Hispanic youth in your parish?* Hundreds of responses were offered, most of which can be broadly summarized in the following four categories:

1. Minimal or no interest in church-related activities on the part of Hispanic youth and their families.

2. Dire socio-economic circumstances (e.g., poverty, violence, lack of access to good education, addiction) within which young Hispanics must constantly negotiate survival every day, thus rendering organized religion at the bottom of their priorities.

3. Lack of resources to invest in ministerial programs that truly connect with the reality and interests of Hispanic Catholic youth.

4. Multiple demands that young Hispanics must face as they negotiate identities in the middle of a highly pluralistic context.

OUTREACH TO HISPANIC YOUTH IN GANGS OR DETENTION

Only four percent of parishes in this study have developed outreach programs for Hispanic youth involved in gangs. Five percent have some form of ministry to imprisoned Hispanic youth, the largest number of these parishes in the West: 10 percent of parishes in this region do so.

PASTORAL LEADERS SERVING HISPANIC YOUTH

Two-thirds of parishes with Hispanic ministry have a pastoral leader overseeing youth ministry for the whole parish. This is most common in parishes located in the Northeast (75 percent). Who are the youth ministers in these parishes?

- Forty-nine percent are volunteers
- Fifty-two percent are Hispanic
- Fifty-eight percent speak Spanish

However...only 26 percent of parishes report having a pastoral leader dedicated primarily to working with Hispanic youth. Who are the pastoral leaders in these parishes working primarily with Hispanic youth?

- Seventy percent are volunteers
- Ninety-two percent are Hispanic
- Forty-fine percent are responsible for another ministry in the parish. Most in this group are responsible for religious education programming.

Parishes with Hispanic Ministry and Catholic Schools

Forty-five percent of responding parishes have or share responsibility for a Catholic school. Based on background data gathered for the present study, this percentage is significantly higher compared to the estimated 33 percent of all parishes with Hispanic ministry in similar relationships with Catholic schools. A majority of responding parishes in the Northeast (56 percent) and Midwest (54 percent) have or share responsibility for a school. A much smaller proportion does so in the South (34 percent) and West (44 percent).

HISPANIC STUDENTS

Among the parishes with Hispanic ministry that have or share responsibility for a Catholic school, nearly nine in 10 indicate that this is an elementary school campus. Only one in 10 (11 percent), indicate a direct relationship to a high school. The average number of students reported at schools associated with these parishes is 259, similar to the average enrollment in Catholic elementary schools nationwide. However, the average number of Hispanic students reported in these schools is 71 or 27.4 percent of the student population. This percentage is almost twice the national average of Hispanic students in all Catholic schools (15 percent).[16] This finding suggests that parishes with Hispanic ministry have a positive impact upon enrollment of Hispanic children in Catholic schools that are closely associated with these communities.

HISPANIC TEACHERS

The average number of teachers reported in Catholic schools directly associated with parishes with Hispanic ministry is 21. This number is slightly higher than the average number of teachers in Catholic schools nationwide (18.5). The average number of teachers who are Hispanic in these schools is three (14 percent), more than twice the national average of Hispanic teachers in Catholic schools (6.3 percent).[17] Schools in the South and West are more likely to have more Hispanic and Spanish-speaking teachers than schools in the Midwest and Northeast. The higher the number of Hispanics in a parish that has or shares responsibility for a Catholic school, the larger the number of Hispanic and Spanish-speaking teachers.

A DISQUIETING GAP

There exist important national, regional, and local efforts to work with Hispanic families to send their children to Catholic schools. Parishes with Hispanic ministry are natural partners for Catholic schools to achieve this goal. However, data from the *National Study* reveals that the larger the number of Hispanic parishioners active in a parish, the less likely that community is to have or share responsibility for a school. Only 34 percent of those parishes where half or more parishioners are Hispanic have or share responsibility for a school. In contrast, parishes in which Hispanics are less than a quarter of the active parochial population constitute 60 percent of all parishes with Hispanic ministry that have or share responsibility for a Catholic school. These numbers reveal a disquieting gap between parishes with large Hispanic populations and Catholic schools.

Parishes with Hispanic ministry where a majority of parishioners attending Mass are Hispanic seem uniquely positioned to partner with Catholic schools to enroll Hispanic children and youth. On average, Catholic schools associated with parishes where Hispanics are more than half of all active parishioners have 133 Hispanic students while the average for those with fewer active Hispanic parishioners is 35 Hispanic students.

Passing on the Faith in Hispanic Ministry: Observations

The presence of Hispanic Catholics in religious education programs in parishes with Hispanic ministry is vibrant and refreshing. In these parishes about two-thirds of children enrolled in faith formation programs are Hispanic. The large participation of Hispanic children in programs of faith formation suggests the active presence of young families. It is encouraging that nearly four out of five parishes offer programs of faith formation for Hispanic adults. More than two-thirds of baptisms in parishes with Hispanic ministry are celebrated in Spanish, which provides a unique opportunity for adult catechesis. These efforts should be strengthened as much as possible. Particular attention is to be given to adult faith formation initiatives as Hispanic families pass on the faith to the largest sector—more than half—of the Catholic population in the United States in our day.

Most religious education efforts with Hispanics are organized around sacramental preparation. However, it is imperative that efforts also be made and resources invested in faith formation initiatives to reach out to special groups of Hispanics beyond this context (e.g., elderly, persons with disabilities, farmworkers, young workers, at-risk youth) in parishes with Hispanic ministry.

Language plays an important role in the process of faith formation of Hispanic Catholics. Most Hispanic adults active in parishes with Hispanic ministry prefer Spanish to share their faith and prefer resources in this language. Religious educators in the study repeatedly highlighted the need for appropriate materials to work with Hispanic adults. Most children are catechized in English or in bilingual sessions. Responses received reveal that slightly more than half of parishes with Hispanic ministry do not use printed materials for religious education with Hispanic children. This raises valid concerns about the strength of the curriculum as well as the systematic organization of themes to explore the faith in these communities. Diocesan offices and publishing compa-

nies can do more to assist in this regard. In parishes where printed resources are used with children, the majority of these materials are bilingual. The use of bilingual resources underlines the fact that most Hispanic Catholic children and youth are growing up in de facto bilingual, bicultural environments. Bilingual materials also facilitate intergenerational conversations among Hispanic families where different family members may speak only one language—Spanish or English. Given the linguistic and cultural complexity of educating in the faith in parishes with Hispanic ministry, it should be expected that religious education leaders in these contexts, starting with those overseeing the structural organization of faith formation programs with this population, have the skills to work bilingually and biculturally.

In 2009 it was estimated that only 3 percent of school-age Hispanic children attended Catholic schools. Some progress has been made in the last five years in dioceses across the country to address this reality thanks to major initiatives to promote access of Hispanic children to these schools and significant financial investment on the part of parishes, dioceses, and foundations.[18] Much remains to be done. However, the vast majority of school-age Hispanic Catholic children and youth do not attend Catholic schools. This staggering reality seldom gets enough attention and energy among pastoral leaders and others interested in investing in Catholic education. This highlights the crucial importance of religious education outside of Catholic schools. Parishes are often left to their own devices accompanying families to educate Hispanic children and youth in the faith. The level of investment in religious education and youth ministry programs for Hispanics in parishes, compared to the investment to facilitate access of Hispanics to Catholic schools, is abysmally low, almost nonexistent in many places, except for what these communities can do with the little they have. A focused conversation to better address this reality is overdue. ∎

Questions for Dialogue and Reflection

1. Are we doing what needs to be done to pass on the faith to Hispanic Catholic children in our parishes? In what areas do we need to improve?

2. How can we improve our outreach to Hispanic Catholic youth in our parishes?

3. Are we investing enough in faith formation opportunities for Hispanic adults in our parishes? What else needs to be done?

"Every parish is called to be the space where the Word is received and accepted, is celebrated and expressed, in adoration of the Body of Christ, and thus is the dynamic source of missionary discipleship."

—CELAM, *Aparecida, Conclusions,* 172

Emerging Insights: Toward a Constructive Conversation

"Ministry among Hispanics requires an openness to pastoral and social realities that challenge the Church to respond with new ardor, methods, and expressions in ministry."

—USCCB, *Encuentro and Mission,* n. 59

Ten Signs of Vitality in Parishes with Hispanic Ministry

The Hispanic presence in the Catholic parish is a gift and an opportunity for the Church in the United States to look at the twenty-first century with renewed hope and to creatively respond to the call to the New Evangelization.

1. THE PARISH REMAINS A VERY IMPORTANT INSTITUTION FOR U.S. HISPANIC CATHOLICS TO BUILD COMMUNITY AND CELEBRATE THEIR FAITH. On average, parishes with Hispanic ministry have larger numbers of Catholics attending Mass compared to all parishes nationwide. Approximately two-thirds of all baptisms in these communities are celebrated in Spanish.

2. CATHOLICISM IN PARISHES WITH HISPANIC MINISTRY IS A DE FACTO BILINGUAL AND BICULTURAL EXPERIENCE. These parishes are microcosms of the rich cultural diversity that is shaping Catholicism in many parts of the country and will continue to transform the U.S. Catholic experience in the future.

3. MINISTRY IN PARISHES SERVING HISPANICS IS NEITHER A HOMOGENEOUS NOR A STATIC REALITY. The vast diversity of experiences, backgrounds, contributions, and needs of this population is an invitation for pastoral leaders to constantly explore creative approaches to pastoral care and accompaniment.

4. APOSTOLIC MOVEMENTS IN PARISHES WITH HISPANIC MINISTRY ARE SOURCES OF MUCH PASTORAL ENERGY. Through their activities, they nourish Hispanic Catholics spiritually, foster leadership, and bring them closer to their faith tradition.

5. A NEW GENERATION OF YOUNG HISPANIC PASTORAL LEADERS IS EMERGING IN THE CONTEXT OF PARISH LIFE. MANY ARE U.S.-BORN. With the appropriate encouragement, support, and promotion these leaders will stay in ministry and make significant contributions.

6. PARISHES WITH HISPANIC MINISTRY BENEFIT FROM THE EXPERIENCE OF MANY SEASONED LEADERS, HISPANIC AND NON-HISPANIC. Most are bilingual and bicultural. Many have lived in Latin America and the Caribbean. Mindful of the continuous need to appropriately prepare for ministerial service in the United States, in a time of transitions they can offer invaluable insight.

7. HISPANIC PERMANENT DEACONS CONSTITUTE ONE OF THE FASTEST-GROWING BODIES OF PASTORAL AGENTS IN POSITIONS OF LEADERSHIP IN PARISHES WITH HISPANIC MINISTRY. They are joined by an also fast-growing and large contingent of Hispanic lay ecclesial ministers.

8. DIOCESAN OFFICES OF HISPANIC MINISTRY (AND THEIR EQUIVALENTS) PLAY A FUNDAMENTAL ROLE SPONSORING INITIATIVES TO SUPPORT HISPANIC MINISTRY IN PARISHES. Within them their directors are the most valued assets. They embody important competencies for pastoral leadership that are necessary to serve in a culturally diverse Church.

9. HISPANIC MINISTRY IN PARISHES IS ESSENTIALLY MINISTRY WITH YOUTH AND YOUNG FAMILIES, AN OPPORTUNITY TO SHAPE A NEW GENERATION OF CATHOLICS. The average age of Hispanics in the United States is 27. About 55 percent of all U.S. Catholics under the age of 30 are Hispanic.

10. TWO-THIRDS OF PARISHES WITH HISPANIC MINISTRY HAVE DEVELOPED INITIATIVES FOR HISPANIC PARENTS TO GET INVOLVED IN THEIR CHILDREN'S RELIGIOUS EDUCATION PROGRAMS. When well organized, these initiatives are unique opportunities for adult faith formation. They also affirm the value of family catechesis.

Questions for Dialogue and Reflection

1. What signs of vitality listed do you see strongly present in your parish community?

2. What needs to be done in your parish to continue to grow as a community of faith and discipleship, particularly as it embraces the Hispanic Catholic presence?

Areas that Require Immediate Pastoral Attention in Parishes with Hispanic Ministry

The vibrancy of the Hispanic presence in parish life comes not without challenges. As Catholics in the United States work together to build stronger communities of faith, we must also pay close attention to several urgent dynamics:

1. PARISHES WITH HISPANIC MINISTRY WILL BE NOTABLY IMPACTED BY MAJOR TRANSITIONS DURING THE NEXT DECADE AS THOUSANDS OF CULTURALLY COMPETENT PASTORAL LEADERS APPROACH THE AGE OF RETIREMENT. Dioceses and ministerial formation programs must ensure that the new generations of pastoral leaders have the appropriate intercultural competencies to adequately serve the growing Hispanic population in parishes throughout the country.

2. MOST PASTORAL LEADERS OVERSEEING HISPANIC MINISTRY OBSERVE THAT INTEGRATION INTO THE LIFE OF THE PARISH AMONG HISPANIC CATHOLICS OF ALL AGES—IMMIGRANTS AND U.S.-BORN—REMAINS AT A MINIMAL LEVEL. Parishes must engage in serious discernment with all their members, Hispanic and non-Hispanic, about building communities where all members find themselves at home. Dialogue is needed about how the idea of integration is perceived by the various communities that coincide in the Hispanic parish.

3. RESOURCES FOR MINISTRY IN PARISHES SERVING HISPANIC CATHOLICS ARE LIMITED AND, BY AND LARGE, UNEQUALLY DISTRIBUTED. Too many pastoral leaders serving Hispanic Catholics continue to oversee multiple areas of ministerial life with little or no means. In a world of limited resources, parishes with Hispanic ministry as well as dioceses must develop sound strategies to generously invest in the evangelization of Hispanic Catholics as a non-negotiable priority.

4. OFFERTORY GIVING FROM PARISHIONERS AT SPANISH LANGUAGE MASSES IS SIGNIFICANTLY LOW COMPARED TO THE SIZE OF THE HISPANIC POPULATION IN THE PARISH. About 20 percent of the parish weekly collection comes from these Masses. Yet, almost half of all parishioners attending Mass—typically in Spanish—in communities with Hispanic ministry are Hispanic. A comprehensive discussion is needed to address questions related to the financial sustainability of these parishes in light of how they currently operate while taking into consideration socio-cultural barriers and new ways to foster Christian stewardship.

5. THE PERCENTAGE OF U.S.-BORN HISPANIC PASTORAL LEADERS IN PARISHES AND DIOCESES REMAINS NOTICEABLY SMALL. Dioceses and parishes need to foster vocations to pastoral leadership among Hispanics born and raised in the U.S.—already a majority up to age 30. Hispanics in this group typically possess cultural and linguistic skills which, strengthened with appropriate training, can be significantly valuable to respond to the shifting demands of ministry with Hispanics and other groups in our culturally diverse Church.

6. **THE NATURE OF THE ENGAGEMENT OF VOLUNTEER PASTORAL LEADERS IN PARISHES WITH HISPANIC MINISTRY NEEDS TO BE CAREFULLY ASSESSED.** It is a positive development that a large number of volunteers generously share their time and talent serving Hispanic Catholics, which clearly illustrates the spirit of missionary discipleship to which the Church has called Catholics to embrace in our day. However, the delegation of major responsibilities associated with the pastoral care of Hispanics to volunteers, responsibilities that often require appropriate ministerial and theological training, some level of professional stability, and the ability to participate in decision-making processes, is less than ideal. Parishes and dioceses must develop strategies to help volunteers with major pastoral responsibilities to improve the conditions within which they serve by procuring adequate ministerial formation, professional support, and integrating them more intentionally into the structures of the parish organization.

7. **ABOUT ONE IN FIVE PASTORAL LEADERS SERVING HISPANIC CATHOLICS IN MAJOR MINISTERIAL POSITIONS IN PARISHES AND DIOCESES ARE NOT COMPENSATED.** While clergy and vowed religious count on established support networks, a significant number of these unpaid leaders are lay women and men. Parishes and dioceses need to urgently attend to questions of fair compensation and parity with non-Hispanic ministries/ministers.

8. **PASTORAL OUTREACH TO HISPANIC YOUTH, PARTICULARLY U.S.-BORN HISPANICS, IS MINIMAL IN PARISHES (AND DIOCESES) COMPARED TO THE SIZE OF THIS POPULATION.** Lack of appropriate investment in ministry with this population at a time when most young Catholics in the country are Hispanic is self-defeating.

9. **A WIDENING DISTANCE BETWEEN PARISHES WITH LARGE HISPANIC POPULATIONS AND CATHOLIC SCHOOLS MAY UNDERMINE THE DEVELOPMENT OF A "CATHOLIC SCHOOL CULTURE" AMONG HISPANIC CATHOLICS.** Such distance may also have a negative impact upon efforts to increase enrollment of Hispanic children and youth in Catholic schools.

10. **BESIDES FAMILIES, PARISHES ARE THE MOST READILY AVAILABLE RESOURCES FOR THE VAST MAJORITY OF HISPANIC CATHOLIC CHILDREN AND YOUTH NOT ENROLLED IN CATHOLIC SCHOOLS TO FORMALLY LEARN THEIR FAITH TRADITION.** Serious investment in faith formation initiatives for this school-age population at the parish level is urgent.

11. **VERY FEW HISPANICS PARTICIPATE IN ADULT FAITH FORMATION PROGRAMS DESPITE THE FACT THAT MOST PARISHES SERVING HISPANICS OFFER INITIATIVES IN THIS AREA.** Parishes and dioceses need appropriate tools designed to adequately measure progress and effectiveness of adult faith formation among Hispanics. The development of such tools must involve Hispanic adults and the catechetical leaders working with them.

12. **FEW EFFORTS ARE DEDICATED IN PARISHES TO DEVELOPING PROGRAMMING AND RESOURCES TO CONSISTENTLY REACH OUT TO NON-TRADITIONAL HISPANIC CATHOLIC POPULATIONS.** Regular parish initiatives seldom focus on inactive Hispanic Catholics. Very few parishes have developed strategies to serve Hispanic Catholics, many of them young, who live in at-risk circumstances, are imprisoned, have joined gangs, or live in other marginal situations.

Questions for Dialogue and Reflection

1. What are the two areas on the above list that you think need to be urgently addressed in your parish community? How would you start responding to them?

2. Who do you think needs to be engaged in dialogue and what steps need to be taken to address the areas that require immediate pastoral attention in your parish to strengthen its outreach to Hispanic Catholics of all ages?

1 The term "Hispanic" evokes the legal and direct connection to Spain in the sixteenth century. Another term, "Latino," has gained currency as referring to persons born in the United States with a Spanish-speaking heritage. The use of "Hispanic" in this report reflects stylistic preference, keeping with official use by government agencies, Church documents, and traditional pastoral practice.

2 The most recent study focusing on a large sample of Hispanic Catholic and Protestant congregations together was the *National Survey of Leadership in Latino Parishes and Congregations* led by Anthony Stevens-Arroyo as part of the Program for the Analysis of Religion among Latinos/as (PARAL). More information about the NSLLPC is available at http://depthome.brooklyn.cuny.edu/risc/publications_Survey.htm#aris.

3 See Joseph Gremillion and David C. Leege, *Post-Vatican II Parish Life in the United States: Review and Preview.* Notre Dame Study of Catholic Parish Life. Report 15. University of Notre Dame, 1989. Available at http://icl.nd.edu/assets/39500/report15.pdf.

4 Historical analysis developed by Anthony Stevens-Arroyo and Hosffman Ospino.

5 The following works engage these questions more in depth: Timothy Matovina, *Latino Catholicism: Transformation in America's Largest Church.* Princeton, NJ: Princeton University Press, 2012; Hosffman Ospino, *Hispanic Ministry in the 21st Century: Present and Future.* Miami, FL: Convivium Press, 2010.

6 Cf. USCCB, Hispanic Ministry at a Glance, available at http://www.usccb.org/issues-and-action/cultural-diversity/hispanic-latino/demographics/hispanic-ministry-at-a-glance.cfm. Accessed on April 21, 2014.

7 Catholic self-identification among Hispanics, especially those who are U.S.-born, has been on a continuous decline for the last two decades. See Barry A. Kosmin and Ariela Keysar, *American Religious Identification Survey* (ARIS 2008). Summary Report. Hartford, CT: Institute for the Study of Secularism in Society & Culture, March 2009, available at http://commons.trincoll.edu/aris/files/2011/08/ARIS_Report_2008.pdf. See also Paul Taylor, Mark Hugo Lopez, Jessica Hamar Martinez, and Gabriel Velasco, *When Labels Don't Fit: Hispanics and Their Views of Identity.* Washington, D.C.: PEW Hispanic Center, April 4, 2012, available at http://www.pewhispanic.org/files/2012/04/PHC-Hispanic-Identity.pdf.

8 This is consistent with other recent CARA response rates for parish surveys asking for a response from pastoral leaders in similar roles.

9 See Mark M. Gray, Mary L. Gautier, and Melissa A. Cidade, *The Changing Face of U.S. Catholic Parishes.* The Emerging Models of Pastoral Leadership. Washington, D.C.: CARA, 2011. Available at http://emergingmodels.org/wp-content/uploads/2012/04/Changing-Face-of-US-Catholic-Parishes.pdf.

10 Ibid.

11 Ibid.

12 See "U.S. Catholics: Key Data from Pew Research" (February 25, 2013) available at http://www.pewresearch.org/key-data-points/u-s-catholics-key-data-from-pew-research/#attendmass. Accessed on April 21, 2014.

13 See Mary L. Gautier, Paul M. Perl, and Stephen J. Fichter, *Same Call, Different Men: The Evolution of the Priesthood Since Vatican II.* Collegeville, MN: Liturgical Press, 2012.

14 Respondents were instructed that questions applied to all "offices overseeing ministry to Hispanic/Latino(a) Catholics."

15 See National Catholic Network de Pastoral Juvenil Hispana - La Red, *Primer Encuentro Nacional de Pastoral Juvenil Hispana.* Washington, D.C.: USCCB, 2008, 97.

16 See Dale McDonald and Margaret M. Schultz, *U.S. Catholic Elementary and Secondary Schools 2013-2014.* Washington, D.C.: NCEA, 2014.

17 Ibid.

18 See the two reports published by the University of Notre Dame's Catholic School Advantage initiative to increase the percentage of Latino children enrolled in Catholic schools: *To Nurture the Soul of a Nation (2009)* and *Renewing Our Greatest and Best Inheritance* (2013). Both available at http://ace.nd.edu/catholic-school-advantage/.

About the Author

HOSFFMAN OSPINO, PH.D.

Hosffman Ospino is an Assistant Professor of Hispanic Ministry and Religious Education at Boston College, School of Theology and Ministry, where he is also the Director of Graduate Programs in Hispanic Ministry. Dr. Ospino holds a Master's degree in Theology with concentration in Church History and a Ph.D. in Theology and Education from Boston College. His research focuses on the conversation between faith and culture and how such interchange shapes Catholic educational and ministerial practices, particularly in culturally diverse contexts. He has authored and edited several books as well as dozens of essays in these areas. He is an officer of the Academy of Catholic Hispanic Theologians of the United States. Dr. Ospino is actively involved in Hispanic ministry at St. Patrick Parish in Lawrence, MA.

Acknowledgments

A particular word of gratitude is due to the faculty and administration of Boston College's School of Theology and Ministry for supporting research and scholarship that aim to address today's most urgent questions in the Catholic Church, U.S. society, and the larger world.

Special thanks to all graduate students from the School of Theology and Ministry and the Graduate School of Social Work at Boston College who skillfully and dedicatedly served as research assistants at various stages of this national study: Karla Alvarado, Juan Blanco, Erin Broich, Nicholas Collura, Thomas Drury, Laura Endara, Janet Gonzalez, Andrea Jackson, Chelsea King, Paul Kozak, Michael Markovich, Christa Morse, Alfredo Ignacio Poggi, Andrew Reynolds, Susan Bigelow Reynolds, Maricela Ríos, Gisela Silva-Terral, and Jorge Tetzaguic.

Contact Information

Hosffman Ospino, Ph.D.
Boston College
School of Theology and Ministry
140 Commonwealth Ave.
Chestnut Hill, MA 02467-3800
Phone: 617–552–0119
E-mail: ospinoho@bc.edu
www.bc.edu/stm

Center for Applied Research in the
 Apostolate (CARA)
2300 Wisconsin Ave., NW, Suite 400A
Washington, D.C. 20007
Phone: 202–687–8080
E-mail: cara@georgetown.edu
cara.georgetown.edu

BOSTON COLLEGE
SCHOOL OF THEOLOGY & MINISTRY

The Boston College School of Theology and Ministry (STM) is an international theological center that serves the Church's mission in the world as part of a Catholic and Jesuit university. Through the fostering of Christian faith and the promotion of justice and reconciliation, the school prepares its students for ministries that are as diverse as the composition of the student body—Jesuits and other candidates approved for ordination studies, women and men for lay ecclesial ministries and for service rooted in faith. The STM is committed to the Catholic theological tradition, rigorous academic inquiry, interdisciplinary study, ecumenical and interreligious dialogue, and the engagement of faith and culture. Through the Ecclesiastical Faculty and the Department of Religious Education and Pastoral Ministry, the STM offers graduate programs, including civil and ecclesiastical degrees in theology and ministry that integrate intellectual, spiritual, pastoral, and personal formation. To form a community that is contemplative, critical, and collaborative, it draws on the Ignatian tradition and the rich diversity of its students and faculty who are lay, ordained, and members of religious communities. Theological research, reflection, and pastoral practice are integral to the STM's life and mission. The STM reaches out to larger theological and pastoral communities through C21 Online learning resources, the publication of New Testament Abstracts, and timely continuing education programs.

CENTER FOR APPLIED RESEARCH IN THE APOSTOLATE

CARA is a national, non-profit, Georgetown University-affiliated research center that conducts social scientific studies about the Catholic Church. Founded in 1964, CARA has three major dimensions to its mission: to increase the Church's self-understanding, to serve the applied research needs of Church decision-makers, and to advance scholarly research on religion, particularly Catholicism.

EL MINISTERIO HISPANO

en parroquias católicas

Reporte inicial de los resultados del

Estudio nacional de parroquias católicas con ministerio hispano (2011-2013)

Por Hosffman Ospino, Ph. D.

BOSTON COLLEGE

ESCUELA DE TEOLOGÍA Y MINISTERIO

EN COLABORACIÓN CON EL CENTRO PARA LA INVESTIGACIÓN APLICADA EN EL APOSTOLADO (CARA)

MAYO DEL 2014

EL MINISTERIO HISPANO
en parroquias católicas

Reporte inicial de los resultados del

Estudio nacional de parroquias católicas con ministerio hispano

52 | Prefacio

53 | Introducción

60 | El Estudio nacional de parroquias católicas con ministerio hispano

61 | SECCIÓN I: ESTRUCTURAS

70 | SECCIÓN II: LIDERAZGO

82 | SECCIÓN III: FORMACIÓN DE LA FE

89 | Perspectivas emergentes: Hacia una conversación constructiva

Prefacio

La vitalidad del catolicismo en los Estados Unidos de América en el siglo XXI dependerá en gran medida de cómo acepten los católicos de todo el país la creciente presencia hispana y de cómo respondan a las necesidades pastorales de esta comunidad. Apenas medio siglo atrás la mayoría de los católicos del país eran euroamericanos de raza blanca. Unas décadas más tarde, nos encontramos formando parte de una Iglesia que es sumamente diversa en cultura, raza y origen étnico. Hoy, casi la mitad de los católicos del país comparte un origen hispano. Dada su naturaleza, las transiciones demográficas traen consigo desafíos lingüísticos y culturales que requieren maneras nuevas y creativas de compartir la Buena Nueva de Jesucristo con los demás. A medida que la presencia hispana crezca en la Iglesia, celebrar liturgias, orar juntos, transmitir de la riqueza de nuestra tradición de fe, enseñar a las nuevas generaciones, servir a los demás, particularmente los más necesitados, y formar comunidades de fe fuertes requerirá que aprendamos más y más acerca de la(s) experiencia(s) católica(s) hispana(s). No hay mejor lugar para empezar que en las parroquias con ministerio hispano.

Este reporte es el resultado de casi tres años de investigación realizada por medio del *Estudio nacional de parroquias católicas con ministerio hispano*. Es la primera vez que un estudio nacional de parroquias católicas se centra principalmente en las comunidades que sirven a los católicos hispanos. El reporte se ha escrito de manera tal que pone sobre la mesa de conversación los mejores hallazgos de la investigación, con una perspectiva pastoral y en una forma accesible para comprender mejor la realidad actual del ministerio hispano en el ámbito pastoral. Este reporte es un recurso ideal si usted es un líder pastoral experimentado que tiene una trayectoria de muchos años con los católicos hispanos estadounidenses, o un líder que acaba de empezar y quiere comprender mejor esta realidad, o alguien que, en este momento, está en el proceso de formación ministerial preparándose para desempeñarse finalmente en un contexto donde están presentes los católicos hispanos.

El reporte comienza situando —histórica y contextualmente— la realidad del ministerio hispano en las parroquias católicas. La sección introductoria también explica cómo se condujo el estudio, sus propósitos y su metodología. La parte principal del reporte contiene tres secciones. La *Sección I: Estructuras* explora de cerca la dinámica de la vida parroquial cuando las comunidades responden a la presencia hispana. La *Sección II: Liderazgo* ofrece perfiles de líderes pastorales que sirven en el ministerio hispano en las parroquias, brindando una idea de quiénes son y qué dones traen. La *Sección III: Formación de la fe* analiza cómo comparten las parroquias con ministerio hispano del país la Buena Nueva con los católicos hispanos. El reporte concluye enumerando 10 signos de vitalidad así también como 12 áreas que requieren atención pastoral inmediata en las parroquias con ministerio hispano.

¿Cómo usar este importante recurso con su comunidad o en sus estudios? Como se indicó anteriormente, el lenguaje del informe es muy accesible. Hay gran cantidad de cifras y estadísticas; sin embargo, están acompañadas por párrafos de resumen que ayudan a interpretarlas. Se publica en inglés y en español debido a que muchas comunidades parroquiales interesadas en este informe son bilingües. Tener el recurso en ambos idiomas permitirá que los líderes pastorales y los grupos parroquiales que hablan uno o los dos se reúnan para tener conversaciones como parte de días de estudio o de momentos para el crecimiento profesional. El reporte es ideal para las conversaciones entre el clero, los religiosos profesos, los diáconos permanentes, el personal pastoral, los consejos pastorales, los líderes catequéticos, los asociados pastorales, los líderes de escuelas católicas, los institutos pastorales, etc. Para motivar la conversación, al final de las secciones principales del reporte hay preguntas para dialogar y reflexionar. Después de leer cada sección, su grupo o su comunidad puede participar de una conversación guiada por estas preguntas. El estudio del reporte se puede hacer en una sesión larga o, tal vez, en varias reuniones a lo largo de un breve período. Finalmente, el objetivo es que la mayor cantidad posible de líderes pastorales, educadores e investigadores participe en esta importante conversación.

Que el Dios de la Vida, que mueve nuestro corazón con el amor del Espíritu Santo para ser discípulos misioneros de Jesucristo, nos dé la sabiduría para leer los signos de los tiempos y para ser auténticos instrumentos de evangelización en Estados Unidos de América en nuestros días.

Hosffman Ospino, Ph. D.
11 de noviembre del 2014
Memorial de San Martín de Tours, Obispo

Introducción

"*La influencia mutua del catolicismo y los pueblos hispanos en Estados Unidos da forma no sólo al futuro de la vida católica estadounidense, sino también a la vida de la nación.*"

—Timothy Matovina, versión de *Latino Catholicism*, viii

El Estudio nacional de parroquias católicas con ministerio hispano[1]

Ésta es la primera vez que un exhaustivo estudio nacional se enfoca únicamente en las parroquias católicas con ministerio hispano.[2] Los hispanos en estas parroquias hablan primordialmente español. Sin embargo, la mayoría de estas comunidades también sirven a un grupo creciente de hispanos de habla inglesa y, generalmente, son compartidas con grupos de católicos no hispanos. A comienzos de la década de los 80s, se estimaba que el 15 % de todas las parroquias católicas servía a católicos hispanos, principalmente en español. Los hispanos constituían alrededor del 25 % de toda la población católica de los Estados Unidos.[3] Tres décadas más tarde, cuando los católicos hispanos son alrededor del 40 % de los aproximadamente 78 millones de católicos del país, el 25 % de todas las parroquias católicas sirve deliberadamente a los hispanos.

Las parroquias católicas con ministerio hispano constituyen una porción muy importante de la experiencia católica estadounidense que se debe *estudiar* y *comprender* mejor. Los resultados del *Estudio nacional de parroquias católicas con ministerio hispano,* con sus informes y publicaciones, son fundamentales para alcanzar ese doble objetivo. Lo que aprendamos sobre las parroquias con ministerio hispano hoy nos da una idea de lo que la vida católica ya es en muchos lugares de los Estados Unidos donde el catolicismo está creciendo con gran dinamismo; por supuesto, no sin desafíos. Considerando las tendencias demográficas actuales, y el crecimiento y la influencia constantes del catolicismo hispano, estas comunidades también nos dan una idea de lo que, probablemente, será el catolicismo estadounidense en vastas regiones del país, al menos durante la primera mitad del siglo XXI. El estudio de estas comunidades es una invitación para que los líderes pastorales, los investigadores y las organizaciones interesadas en apoyar la experiencia católica estadounidense imaginemos un futuro juntos, invirtiendo y planificando hoy con los católicos hispanos.

Las reconfiguraciones diocesanas en distintas partes del país durante las dos últimas décadas han llevado al cierre y la fusión de miles de parroquias. Esto es, en cierto modo, preocupante, considerando que, durante el mismo período, estos cambios han coincidido con un largo influjo de inmigrantes católicos —principalmente de América Latina, el Caribe y Asia— que, frecuentemente, confían en las parroquias para seguir conectados con su identidad y sus raíces religiosas, mientras se integran a la sociedad. *Las parroquias son importantes.* Las parroquias siguen siendo lugares privilegiados donde los católicos más activos aprenden, viven y celebran su fe. Esto es una marca de la identidad comunitaria que está al centro del catolicismo, una experiencia muy cercana al mundo cultural hispano. Las parroquias tienen una función importante en la vida de millones de católicos hispanos. En las parroquias donde hay hispanos, el número de católicos que van a Misa es mayor comparado con el resto de la población católica en los Estados Unidos (ver datos en la sección "Anatomía de las parroquias católicas con ministerio hispano"). Las parroquias están entre los primeros lugares que los inmigrantes católicos hispanos buscan cuando quieren encontrar una experiencia familiar de comunidad en una tierra extranjera. Las parroquias con ministerio hispano son, a menudo, centros en los que los hispanos buscan acompañamiento espiritual y al mismo tiempo apoyo para satisfacer otras necesidades inmediatas.

Los resultados del *Estudio nacional de parroquias católicas con ministerio hispano* son una invitación a tomar decisiones informadas sobre el ministerio con católicos hispanos y otros católicos que comparten estas comunidades de fe. Diariamente, en la parroquia y en la diócesis se toman muchas decisiones importantes que afectan directamente a los católicos hispanos: planes pastorales, reconfiguraciones parroquiales, distribución de recursos, elaboración de materiales para la formación de la fe, promoción vocacional, contratación de líderes pastorales nuevos, formación teológica para el ministerio, por nombrar solo algunas. En nuestros días, varias de estas decisiones exigen una consideración plena de las realidades, las tendencias, las necesidades y las posibilidades actuales que se asocian con los católicos hispanos. Con frecuencia, a los líderes pastorales les faltan datos suficientes y análisis informativos para evaluar adecuadamente esas realidades. El *Estudio nacional de parroquias católicas con ministerio hispánico* brinda gran cantidad de datos y análisis relevantes para generar conversaciones creativas sobre la vida en las parroquias católicas y el ministerio con hispanos. Un paso clave para continuar este esfuerzo es ampliar el espíritu de investigación y análisis a todo el conjunto de parroquias católicas del país, a la luz de la dinámica de diversidad cultural en la cual hoy se define el catolicismo estadounidense. Ciertamente, un proyecto muy necesario.

La parroquia hispana en contexto

LA EVOLUCIÓN DE LA PARROQUIA HISPANA[4]

La parroquia católica más antigua bajo la bandera de los Estados Unidos de América es hispana. Esto es cierto, ya sea que miremos la primera iglesia erigida en 1523 en San Juan, Puerto Rico, o la misión católica más antigua establecida en 1566 en St. Augustine, Florida. La anexión de Texas y otros territorios al final de la guerra entre los Estados Unidos y México en 1848 agregó al catolicismo una plétora de parroquias que eran más antiguas que la República. Una de las anomalías de la historia es que la parroquia hispana, que fue lo primero para el catolicismo estadounidense, se considere frecuentemente como una creación nueva.

Sin embargo, estas parroquias han conservado la fe y han adaptado el ministerio a varias circunstancias difíciles tal como lo describen muchos relatos históricos de las experiencias católicas hispanas. A pesar de la presencia frecuente de un prejuicio desagradable, la cultura tradicional y el legado del idioma español se sostuvieron gracias a la celebración popular de días festivos católicos como los Tres Reyes Magos, en la Epifanía, y el Vía Crucis durante el Viernes Santo. Muchas devociones marianas del catolicismo hispano florecieron en estas parroquias, particularmente el amor por Nuestra Señora de Guadalupe, cuyo santuario había sellado la victoria de la fe en México, dándole vida a la gran contribución hispana para el catolicismo estadounidense desde el inicio de la evangelización en el Nuevo Mundo.

La parroquia hispana antecede a la bien conocida parroquia nacional, que se creó en el siglo XIX en Estados Unidos para servir pastoralmente a inmigrantes europeos tales como los alemanes, los italianos y los polacos. La parroquia nacional permitió que aquellos que hablaban idiomas distintos al inglés mantuvieran su religión después de llegar al país. Sin embargo, se asumía que tales parroquias eran una alternativa temporal y que ya no tendrían la misma función una vez que las nuevas generaciones aprendieran inglés. Cuando se absorbieron los territorios mexicanos anexados, las parroquias hispanas antiguas eran tratadas, normalmente, "sólo" como parroquias nacionales. Esta tendencia se intensificó cuando los ciudadanos estadounidenses hispanos empezaron a dejar las parroquias natales y a migrar hacia las ciudades industrializadas de todo el país. Técnicamente, fue una migración interna, no una inmigración. Sin embargo, el predominio del español y las tradiciones profundamente arraigadas en prácticas religiosas populares funcionaron para los hispanos de manera similar a la manera como el idioma y la cultura habían sostenido a los inmigrantes europeos.

Sin embargo, había una gran diferencia. La parroquia nacional europea era, de hecho, para una "nacionalidad": los polacos iban a la parroquia polaca; los italianos, a la parroquia italiana, etc. Pero una mezcla de católicos de las 21 naciones de América latina, sin contar España ni Puerto Rico, llaman hogar a la parroquia hispana. La parroquia hispana ha sido con frecuencia un lugar de encuentro para las diferentes nacionalidades, haciendo que el nombre sea más apropiadamente "parroquia nacional panhispánica". Ciertamente, la influencia mexicana era la más común desde Texas hasta California. Aunque el 64.5 % de los hispanos en el país hoy tiene raíces en la cultura mexicana, concentrados primordialmente en el suroeste, no todas las parroquias son primordialmente mexicanas. En la década de los 50s, por ejemplo, la población hispana de la ciudad de Nueva York era en un 80 % puertorriqueña. Después de la revolución de 1959, los cubanos se volvieron la presencia hispana dominante en Miami. Durante la primera mitad del siglo XX las parroquias hispanas concentraron su servicio efectivamente en la comunidad local. Variaban ampliamente entre diócesis y diócesis, y tenían pocas relaciones unas con otras.

Sin embargo, cuando Estados Unidos salió del período de la Gran Depresión, se empezó a cuestionar la política de proliferación de parroquias nacionales, particularmente en las grandes ciudades que atraían olas sucesivas de recién llegados. Como consecuencia, surgió un modelo diferente para la parroquia hispana. Los sermones dominicales y la atención pastoral se daban a los católicos de habla hispana dentro de las parroquias existentes, frecuentemente en la "iglesia de abajo". Aunque separados física, pastoral y lingüísticamente, este modelo unía la parroquia en un edificio. Muchas parroquias católicas que funcionaban de esta manera tenían dos coros, sociedades piadosas independientes (*Holy Name* y la Legión de María) y programas catequéticos diferentes. En general, las comunidades hispanas no se transformaron en clones de sus contrapartidas angloparlantes, sino que crecieron junto a ellas. En muchos lugares, después de un tiempo, las comunidades hispanas se hicieron más numerosas y se convirtieron en la fuente de vitalidad para parroquias enteras.

El Concilio Vaticano II (1962–1965) cambió aún más el contexto para la parroquia hispana. Para los católicos en los Estados Unidos, el llamado del Concilio a celebrar la liturgia en "la lengua del pueblo" representó un uso más amplio del español como idioma común junto con el inglés en las comunidades parroquiales. Pronto esto se tradujo en iniciativas de solidaridad y formación de la fe en español.

Algo similar ha ocurrido en otros idiomas, aunque en una escala menor. La Iglesia Católica de Estados Unidos es de hecho un cuerpo multilingüe. La política pastoral actual para liturgias en idiomas diferentes tales como el criollo haitiano y el vietnamita se puede remontar en su origen a la experiencia pionera de los católicos hispanos.

Esta fase nueva en la vida de la parroquia hispana durante la segunda parte del siglo XX, inspirada en la visión del Concilio y sus reformas, coincidió con importantes desarrollos socioculturales como la guerra de Vietnam y el Movimiento por los Derechos Civiles. La reforma radical de las leyes de inmigración de 1965 y el financiamiento de agencias y organizaciones en favor de "minorías" por medio del programa Guerra contra la Pobreza dotaron de herramientas políticas efectivas al liderazgo hispano comunitario. Estos logros sociales y legales tuvieron un profundo impacto en la manera en que se llevaba a cabo el ministerio hispano en muchas parroquias católicas y en otras áreas de la vida de la Iglesia.

En las parroquias que servían a católicos hispanoparlantes en todo el país, un número importante de sacerdotes, religiosas y religiosos profesos, y líderes laicos, hispanos y no hispanos, aprovecharon las herramientas usadas en el contexto de organización comunitaria y de defensa de causas políticas para promover causas sociales importantes. Algunos de estos esfuerzos giraron también su atención hacia la vida eclesiástica, particularmente creando conciencia sobre cómo las estructuras eclesiásticas en general habían sido lentas para responder efectivamente a las necesidades urgentes de los católicos hispanos. Organizaciones como PADRES, fundada por sacerdotes hispanos, y Las Hermanas, fundada por religiosas hispanas, mediaron gran parte de esta energía. Estos líderes pastorales estaban íntimamente involucrados en la vida de las parroquias con ministerio hispano. Allí llevaron a la práctica pastoral la rica reflexión que incorporaba importantes perspectivas de las tradiciones teológicas y pastorales de Latinoamérica, así como un número creciente de ideas que partían de la singularidad de la experiencia católica hispana de Estados Unidos.

En 1972, los obispos católicos de Estados Unidos convocaron a un Encuentro nacional, una reunión que juntó a muchas de estas voces desde las parroquias y las organizaciones para discutir asuntos urgentes en el ministerio con los hispanos. En 1977 hubo un II Encuentro Nacional y, en 1985, un tercero. Estas reuniones funcionaron como catalizadores para dar forma a una visión para el ministerio hispano en el país. Después del III Encuentro Nacional, se escribió un Plan Pastoral Nacional para el Ministerio Hispano. Al centro de todas estas conversaciones y los documentos que surgieron de los procesos de Encuentro estaban las parroquias con ministerio hispano. De estas parroquias surgieron los líderes y la mayoría de las preguntas que daban vida a estos esfuerzos. Los líderes que participaron en estas iniciativas volvieron a estas mismas parroquias con una visión renovada. En el año 2000, se realizó el IV Encuentro Nacional. Esta reunión no se enfocó exclusivamente en la experiencia católica hispana, sino en la diversidad cultural de la Iglesia. Este último encuentro marcó la pauta de cómo será probablemente, en el siglo XXI, gran parte de la reflexión sobre el ministerio en la vida parroquial en los Estados Unidos.

Las parroquias hispanas que participaron en este estudio se formaron en esta rica historia de la experiencia católica, la cual sigue redefiniendo no sólo cómo nos entendemos, sino también nuestras prioridades y compromisos. Esta redefinición ocurre hoy en el contexto de la expansión demográfica que ha hecho de los hispanos la minoría étnica más grande del país, un 17 % de toda la población estadounidense. La mayoría de los hispanos nacieron en los Estados Unidos (alrededor del 61 %). Los hispanos son más jóvenes (edad promedio de 27) en comparación con el total de la población estadounidense (37.2). Los hispanos son en su gran mayoría católicos (alrededor del 59 %). Ésta es la presencia que, con sus dones y sus contribuciones, sus preguntas y sus desafíos, está transformando profundamente la experiencia católica estadounidense.

¿Hemos aceptado los católicos en los Estados Unidos el crecimiento de la presencia hispana? ¿Ha adaptado la Iglesia sus estructuras y sus compromisos pastorales para servir y evangelizar apropiadamente a los millones que dan vida nueva a miles de comunidades de fe y que escriben un capítulo nuevo en la historia del catolicismo estadounidense? ¿Estamos preparados para reconocer que la Iglesia en este país hoy en día es Católica, estadounidense... e hispana, así como afroamericana, asiático-americana, indígena americana y Euro-americana? Éstas son preguntas vitales.[5] No podemos permitirnos ignorarlas. Este reporte se preparó para responder mejor a estas preguntas y para evaluar cómo se sitúan hoy estas parroquias con ministerio hispano, su realidad y su potencial.

LOS CATÓLICOS HISPANOS Y SUS PARROQUIAS: PANORAMA

Los hispanos representan el 71 % del crecimiento de la población católica en los Estados Unidos desde 1960.[6] Alrededor del 6 % de todas las Misas (fin de semana y entre semana) en los Estados Unidos ahora se celebra en español.

El Centro para la Investigación Aplicada en el Apostolado (CARA) estima que casi 29.7 millones de residentes estadounidenses que se identifican como hispanos también se identifican como católicos, lo que representa un 59 % de los 50.5 millones de hispanos del país. Un número estima-

POBLACIÓN CATÓLICA DE EE. UU.:
ESTIMACIONES GRUPALES DE RAZA, ETNIAS Y LUGAR DE NACIMIENTO, 2010

	POBLACIÓN	POBLACIÓN CATÓLICO	ESTIMACIÓN % CATÓLICO
BLANCO (NO HISPANO)	196,817,552	42,512,591	21.6%
NEGRO O AFROAMERICANO (NO HISPANO)	37,685,848	2,091,565	5.6%
ASIÁTICO, HAWAIANO NATIVO, ISLEÑO DEL PACÍFICO	15,214,265	2,905,925	19.1%
HISPANO, LATINO	50,477,594	29,731,302	58.9%
INDÍGENA AMERICANO, NATIVO DE ALASKA	2,932,248	536,601	18.3%

do de 16 millones de estos católicos hispanos nació en los Estados Unidos. Unos 13.7 millones nacieron en el extranjero. En general, del 38 al 40 % de los adultos católicos en los Estados Unidos se identifica como hispano.

De acuerdo con la Encuesta de Población Actual (CPS por sus siglas en inglés) de marzo del 2013, el 61 % de los hispanos nació en Estados Unidos. En esta categoría se encuentra el 37.3 % de los hispanos mayores de 30 años. Sin embargo, llama la atención el hecho de que el 93 % de todos los hispanos menores de 18 años nació en los Estados Unidos. Cualquier proceso de planeacíon pastoral o estrategia para la evangelización hoy en día en nuestra Iglesia tiene que considerar estas cifras, conscientes de que es probable que la mayoría de estos jóvenes hispanos están creciendo en hogares católicos. Gran parte de la experiencia católica en el país durante las próximas décadas dependerá significativamente de la manera en que la Iglesia llegue a este último grupo y si los jóvenes hispanos en esta edad, al

menos aquellos que crecen en hogares católicos, deciden identificarse como tal. [7]

Se sabe que, aproximadamente, el 35.5 % de todas las parroquias católicas en los Estados Unidos, un total de 6,269 parroquias, sirve en particular a una comunidad racial, étnica, cultural o lingüística distinta a la de los católicos blancos euroamericanos. La mayoría de estas parroquias, aproximadamente un 70 %, sirve a católicos hispanoparlantes.

Combinando docenas de bases de datos con direcciones e información sobre parroquias, incluidas todas las que fueron parte del *Estudio nacional de parroquias católicas con ministerio hispano* y aquellas disponibles a través del Secretariado para la Diversidad Cultural en la Iglesia de la Conferencia de Obispos Católicos de los Estados Unidos (USCCB), CARA elaboró el siguiente mapa que muestra la distribución de la población hispana en los Estados Unidos junto con las parroquias que tienen ministerio hispano.

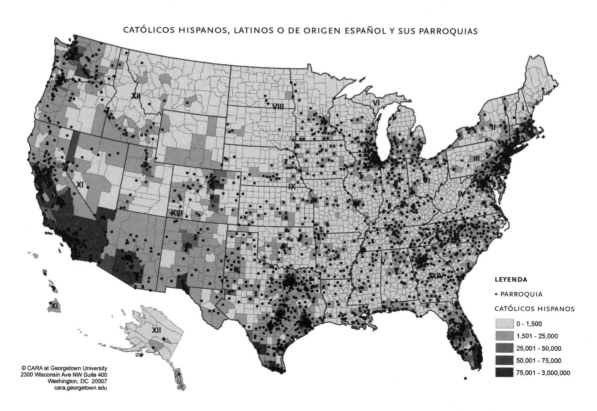

CATÓLICOS HISPANOS, LATINOS O DE ORIGEN ESPAÑOL Y SUS PARROQUIAS

LEYENDA
• PARROQUIA
CATÓLICOS HISPANOS
- 0 - 1,500
- 1,501 - 25,000
- 25,001 - 50,000
- 50,001 - 75,000
- 75,001 - 3,000,000

© CARA at Georgetown University
2300 Wisconsin Ave NW Suite 400
Washington, DC 20007
cara.georgetown.edu

Preguntas para el diálogo y la reflexión

1. ¿Qué le llamó la atención de la sección sobre "la evolución de la parroquia hispana"?

2. ¿Por qué creen muchos católicos que la parroquia hispana es una realidad nueva cuando, en verdad, es la experiencia más antigua de vida parroquial católica en los Estados Unidos?

3. ¿Hemos aceptado los católicos en los Estados Unidos el crecimiento de la presencia hispana? (Comparta algunos detalles basados en su respuesta.)

Sobre el estudio

METODOLOGÍA

El *Estudio nacional de parroquias católicas con ministerio hispano* fue diseñado y dirigido por la Escuela de Teología y Ministerio de Boston College, en colaboración con el Centro para la Investigación Aplicada en el Apostolado (CARA), de la Universidad de Georgetown. Se elaboró una base de datos con información de las parroquias después de contactar a líderes clave (por ejemplo, al Director de Ministerio Hispano) de todas las diócesis de Estados Unidos y de investigar recursos disponibles que identificaban comunidades católicas con ministerio hispano. Todas las comunidades que, hasta el año 2011, entraban en esta categoría, recibieron cuestionarios por correo. Todas las parroquias recibieron llamadas telefónicas de un equipo de asistentes de investigación bilingües para incrementar la participación. Todas las parroquias del estudio recibieron recordatorios por correo. Durante los años 2012 y 2013, Boston College administró el muestreo, el envío por correo de los cuestionarios, los recordatorios y el seguimiento. Los participantes tuvieron la opción de responder a los cuestionarios en línea a través del sistema electrónico de recepción de información del CARA o por correo. El equipo de investigación de Boston College procesó los cuestionarios que se recibieron por correo. Se diseñaron grupos de discusión y entrevistas personales con líderes específicos para obtener datos cualitativos. Todos los materiales, incluidos los cuestionarios, los formularios de consentimiento, recordatorios y protocolos estuvieron disponibles en inglés y español. Los recursos usados en el estudio fueron aprobados por el Comité Institucional de Revisión de Boston College.

Se invitó a participar a todos los directores diocesanos de ministerio hispano o a su equivalente dentro de la estructura diocesana en las diócesis estadounidenses territoriales de rito latino donde existen estas oficinas. Boston College identificó un total de 178 directores en 172 diócesis. Respondieron noventa y cinco diócesis. Esto representa una tasa de respuesta del 55.2 % y tiene un margen de error de ±6.75 puntos porcentuales. Las diócesis que respondieron incluyen un 54 % de las parroquias católicas del país y un 53 % de su población católica.

Se contactó a Párrocos, Directores de Educación Religiosa (DER) que trabajan directamente con hispanos y Directores de Ministerio Hispano en todas las parroquias estadounidenses que tienen ministerio hispano, o liturgias o programas en español. Se envió un paquete con tres cuestionarios a 4,368 parroquias: uno diseñado específicamente para Párrocos, uno para los Directores de Educación Religiosa y uno para el Director de Ministerio Hispano de la parroquia, donde existiera ese cargo. En algunas parroquias, una persona realiza más de una de estas funciones. Respondieron el cuestionario 572 párrocos de estas parroquias. Esto representa una tasa de respuesta del 13.1 % y tiene un margen de error de ±3.8 puntos porcentuales. Respondieron el cuestionario un total de 450 Directores de Educación Religiosa (DER) o Ministros de la Pastoral Juvenil, lo que representa una tasa de respuesta del 10.3 %, con un margen de error de ±4.6 puntos porcentuales. Respondieron el cuestionario un total de 477 Directores de Ministerio Hispano, lo que representa una tasa de respuesta del 10.9 %, con un margen de error de ±4.2 puntos porcentuales.[8]

El *Estudio nacional* se diseñó para analizar en mayor profundidad la experiencia católica hispana a nivel parroquial en los Estados Unidos. El estudio se concentró en cuatro áreas principales:

1. Efectos de la presencia hispana en la dinámica parroquial católica, con particular atención a los modelos de organización y las estrategias para evangelizar mejor en el contexto de una Iglesia culturalmente diversa.

2. Estructuras de liderazgo y necesidades para apoyar mejor a los agentes pastorales trabajando en las parroquias católicas con ministerio hispano.

3. Iniciativas, compromisos y recursos para promover la formación en la fe entre los católicos hispanos de distintas edades en las parroquias.

4. Estructuras diocesanas que apoyan el ministerio hispano y la relación de estas estructuras con las parroquias con ministerio hispano.

PLAN DE ACCIÓN

Este reporte inicial nombra realidades, tendencias y preguntas asociadas con la vida en las parroquias católicas con ministerio hispano a partir de los datos obtenidos. Aunque la organización de la información es, en sí misma, un ejercicio de interpretación, hemos decidido conscientemente permitir que los datos hablen por sí mismos todo lo posible. Los lectores encontrarán una imagen emergente que cuenta una historia cautivadora sobre la experiencia parroquial católica vista a través de ojos hispanos. Estos perfiles nos presentan de nuevo a los líderes pastorales en el ministerio hispano de una manera sucinta, aunque íntima a la vez.

La tradición pastoral y teológica católica hispana en los Estados Unidos ha hecho suyo regularmente el enfoque metodológico Ver-Juzgar-Actuar para reflexionar sobre temas de atención y acompañamiento pastoral. A la luz de esta perspectiva metodológica, este informe es, fundamentalmente, el resultado de un largo proceso de ver.

El siguiente paso es un análisis detallado de lo que ha descubierto el *Estudio nacional de parroquias católicas con ministerio hispano*. Necesitamos juzgar los resultados a la luz de nuestra experiencia compartida y nuestra tradición de fe. Ésta es una tarea verdaderamente urgente en nuestro tiempo a medida que los católicos aceptamos el llamado a una Nueva Evangelización. En este contexto, nos preguntamos: ¿Qué significa ser una parroquia con ministerio hispano? Las secciones de este informe identifican temas y preguntas importantes que motivarán la conversación. Sin embargo, este análisis no puede ser la obra de un investigador solitario ni de un pequeño grupo de eruditos y líderes pastorales. Tampoco es la preocupación exclusiva de los católicos hispanos ni de aquellos que trabajan en el ministerio con esta población en particular. Tiene que ser un esfuerzo de toda la comunidad católica en el país: parroquias, diócesis, organizaciones, instituciones académicas y gremios, etc., hispanos y no hispanos.

El equipo de investigación que adelantó el estudio nacional continuará guiando el desarrollo y la publicación de análisis detallados. A este reporte inicial le seguirán varios informes especializados sobre diferentes áreas del ministerio hispano en parroquias católicas. Estos análisis explorarán más de cerca los resultados y los interpretarán a la luz de investigaciones académicas recientes sobre el ministerio hispano y la acción pastoral. Mientras esto ocurre, este reporte y los siguientes servirán como referencia en los procesos de reflexión teológico-pastorales del *V Encuentro Nacional Hispano de Pastoral*, convocado en junio del 2013 por el Comité de Diversidad Cultural en la Iglesia, a petición del Subcomité para Asuntos Hispanos de la Conferencia de Obispos Católicos de los Estados Unidos. El proceso incluirá a cientos de miles de católicos en todos los niveles de la vida de la Iglesia en Estados Unidos durante los años que siguen y culminará en un acontecimiento nacional. La sabiduría que surja de estas numerosas conversaciones y análisis producirá indudablemente herramientas para promover mejor la planeación pastoral y la acción ministerial con población católica hispana cada vez más numerosa en parroquias, diócesis y organizaciones ministeriales. La meta final es inspirar una acción ministerial basada en información clara en las parroquias y en otros niveles ministeriales, la cual lleve a los católicos, hispanos y no hispanos, a un encuentro transformador con Jesucristo en un espíritu de discipulado misionero.

Desde esta perspectiva, el presente reporte inicial sirve como un plan de acción. Como tal, brinda un buen panorama general de una experiencia que es en sí misma bastante compleja. Sin embargo, como todo plan de acción, no pretende abarcar todos los aspectos ni declara ser la única manera de interpretar la realidad. Este reporte es un instrumento para comprender mejor el ministerio hispano en las parroquias en nuestro día, discernir las dinámicas importantes que dan vida a la experiencia católica hispana y formar comunidades parroquiales más fuertes. ■

"El ministerio hispano es la respuesta de la Iglesia a la presencia hispana. Este ministerio debe ser visto como parte integral de la vida y misión de la Iglesia en este país. ... Ello implica un esfuerzo colaborativo con toda la comunidad, honrando su historia, sus tradiciones de fe y la contribución que los católicos hispanos han hecho al servicio de la Iglesia y la sociedad."

—USCCB, *Encuentro y misión*, n.º 60

Estudio nacional de parroquias católicas con ministerio hispano

"La parroquia no es una estructura caduca; precisamente porque tiene una gran plasticidad, puede tomar formas muy diversas que requieren la docilidad y la creatividad misionera del Pastor y de la comunidad. Aunque ciertamente no es la única institución evangelizadora, si es capaz de reformarse y adaptarse continuamente, seguirá siendo 'la misma Iglesia que vive entre las casas de sus hijos y de sus hijas'. Esto supone que realmente esté en contacto con los hogares y con la vida del pueblo, y no se convierta en una prolija estructura separada de la gente o en un grupo de selectos que se miran a sí mismos."

—Papa Francisco, *Evangelii Gaudium*, 28

Distribución geográfica de las parroquias con ministerio hispano

La distribución geográfica de las parroquias con ministerio hispano es congruente con la distribución de la población católica hispana en los Estados Unidos, aunque es diferente de la distribución de todas las parroquias católicas en el país. La vasta mayoría de las parroquias con ministerio hispano están en el sur (38 %) y en el oeste (23 %). Solo el 15 % está en el noreste y el 24 % en el medio oeste.

REGIÓN	PARROQUIAS HISPANAS	TODAS LAS PARROQUIAS
NORESTE	15 %	24 %
MEDIO OESTE	24 %	37 %
SUR	38 %	22 %
OESTE	23 %	17 %

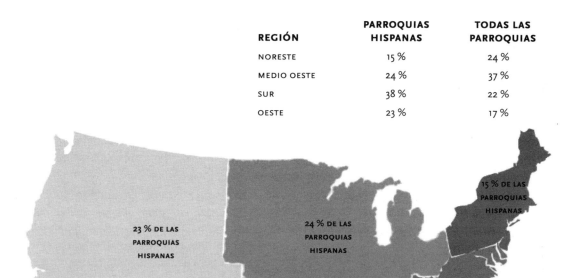

LA REGIÓN DEL **NORESTE** INCLUYE CONNECTICUT, MAINE, MASSACHUSETTS, NUEVA HAMPSHIRE, RHODE ISLAND, VERMONT, NUEVA JERSEY, NUEVA YORK Y PENSILVANIA.

LA REGIÓN DEL **MEDIO OESTE** INCLUYE ILLINOIS, INDIANA, MICHIGAN, OHIO, WISCONSIN, IOWA, KANSAS, MINNESOTA, MISURI, NEBRASKA, DAKOTA DEL NORTE Y DAKOTA DEL SUR.

LA REGIÓN DEL **SUR** INCLUYE DELAWARE, EL DISTRITO DE COLUMBIA, FLORIDA, GEORGIA, MARYLAND, CAROLINA DEL NORTE, CAROLINA DEL SUR, VIRGINIA, VIRGINIA OCCIDENTAL, ALABAMA, KENTUCKY, MISISIPI, TENNESSEE, ARKANSAS, LUISIANA, OKLAHOMA Y TEXAS.

LA REGIÓN DEL **OESTE** INCLUYE ARIZONA, COLORADO, IDAHO, MONTANA, NEVADA, NUEVO MÉXICO, UTAH, WYOMING, ALASKA, CALIFORNIA, HAWÁI, OREGÓN Y WASHINGTON.

Anatomía de las parroquias católicas con ministerio hispano

En el momento de identificar parroquias con ministerio hispano, la mayoría de las oficinas diocesanas y los líderes parroquiales que participan en esta área de la vida de la Iglesia usan el idioma español como referente principal. Por consiguiente, el ministerio hispano en general se entiende como un ministerio con católicos hispanoparlantes. Los católicos que participan activamente en estas comunidades son, en su mayoría, inmigrantes. No obstante, el uso del español no excluye a los hispanos que no son inmigrantes o a aquellos que pueden preferir el inglés como su idioma cotidiano. A medida que aumenta la población católica hispana nacida en los Estados Unidos, las parroquias con ministerio hispano necesitarán ampliar los servicios en ambos idiomas y mover recursos para cubrir prioridades emergentes. Muchas parroquias, como muestran algunos de los resultados de este informe, ya lo están haciendo.

CUÁNDO EMPEZÓ EL MINISTERIO HISPANO

Las parroquias que respondieron típicamente empezaron a celebrar Misas y bautismos en español en 1995. Alrededor de una de cada cinco informa estar ofreciendo estos servicios desde antes de 1975. El 13 % empezó a hacerlo entre 1975 y 1984; el 16 %, entre 1985 y 1994; el 36 % entre 1995 y el 2004. El 15 % indica que empezó a celebrarlos en el 2005 o después.

En la última década, el 6 % de las parroquias con ministerio hispano en los Estados Unidos se creó como resultado de la fusión con, al menos, otra parroquia. El 15 % fue agrupado, relacionado o anexionado a otra parroquia durante este período (por ejemplo, ministerio multiparroquial). El 6 % ha visto afectados sus límites parroquiales por la creación de una nueva parroquia en su zona. El 5 % se ha visto afectado por el cierre de una parroquia desde el 2002.

LAS PARROQUIAS HISPANAS COMPARTIDAS

El 43 % de los feligreses de las parroquias con ministerio hispano, en promedio, es blanco no hispano y el 4 % es asiático, hawaiano nativo o isleño del Pacífico. El 3 % es negro, afroamericano o africano, y el 1 % es indígena americano o nativo de Alaska. Las parroquias hispanas no tienden a ser fusionadas más que el resto de las parroquias alrededor del país. Sin embargo, tienden menos que las parroquias en el resto del país a ser parte de un modelo de ministerio multiparroquial (por ejemplo, cuando la parroquia está agrupada, relacionada, hermanada, emparejada o son parroquias hermanas con, al menos, otra parroquia).[9]

LOS FELIGRESES HISPANOS

En promedio, se estima que el 72 % de los hispanos activos en las parroquias que respondieron son de origen mexicano. El 5 % es puertorriqueño. Menos del 5 % cada uno, en promedio, es guatemalteco (4 %), salvadoreño (4 %), dominicano (4 %), otro país centroamericano (3 %) o cubano (1 %). Se estima que el 6 % es sudamericano. Estos números no representan la distribución demográfica exacta de estos grupos en Estados Unidos, pero nos dan una idea de qué grupos están involucrados más activamente en la parroquias católicas con ministerio hispano.

El 31 % de los párrocos de estas parroquias informa que entre la mitad y tres cuartos de los hogares hispanos que van a Misa están registrados en la parroquia. El 21 % estima que entre el 75 y el 100 % de los hogares hispanos que van a Misa está registrado en la parroquia. En promedio, los párrocos indican que el 46 % de los hogares hispanos que van a Misa están registradas en su parroquia (la mediana de la observación es 50 %).

EL CULTO EN LA PARROQUIA HISPANA

El 98 % de las parroquias que respondieron indica que ofrece sacramentos y otros servicios religiosos en español. La vida litúrgica tiene, claramente, un papel fundamental en la dinámica de estas comunidades.

- Las parroquias con ministerio hispano tienen, en promedio, cuatro Misas los fines de semana (vigilia del sábado y el domingo) y seis Misas los días de semana. De éstas, una o dos de las Misas del fin de semana posiblemente son celebradas en español (promedio de 1.6) y una de las Misas entre semana puede celebrarse en español (promedio de 1.1). El 10 % de las parroquias que respondieron no celebra Misa en español durante el fin de semana y el 65 % no celebra Misa en español entre semana.

- En promedio, 1,419 feligreses asisten a Misa los fines de semana en las parroquias con ministerio hispano. Esto es un 22 % más alto que el promedio para todas las parroquias en el país (1,110 feligreses). La mediana para la asistencia a Misa los fines de semana en las parroquias con ministerio hispano es de 1,000 feligreses, comparada con los 750 de todas las parroquias.[10] Aproximadamente la mitad (48 %) de estos feligreses que van a Misa es hispana. En más de un tercio (34 %) de estas comunidades, asisten 1,400 feligreses o más en un típico fin de semana de octubre.

El 20 % de las parroquias reporta un total de 344 feligreses o menos que asisten a Misa regularmente los fines de semana.

- Cuanto más alto es el número de católicos hispanos que van a Misa en una parroquia, lo más probable es que vayan a Misa en español. En general, las parroquias hispanas tienen tasas bajas de asistencia a las Misas entre semana en español comparadas con todas las parroquias a nivel nacional.[II]

- El 14 % de las parroquias que respondieron indica que celebra Misa en otros idiomas además del inglés o el español. Los idiomas más comunes mencionados son vietnamita (3.3 %), tagalo (2 %), latín (1.6 %), polaco (1.4 %), portugués (1.2 %), francés (1 %) y coreano (1 %).

- El 84 % de las parroquias que respondieron celebra Misas bilingües (inglés y español) durante el año. La mayoría (61 %) indica que lo hace menos de diez veces por año. Los tiempos del año en que se celebran la mayoría de las Misas bilingües son Adviento, Cuaresma y los días de precepto. Las Misas de Navidad y Pascua son las más comunes, seguidas de los servicios del Miércoles de Ceniza. Frecuentemente se hacen celebraciones bilingües en bodas, quinceañeras, Primera Comunión y Confirmaciones.

- En el año 2011 las parroquias que tienen ministerio hispano en promedio celebraron 82 bautismos en español y 36 en inglés. Las parroquias del oeste y aquellas en las que los hispanos son más del 75 % de los católicos que van a Misa tienen números más altos de bautismos celebrados en español.

LA ADMINISTRACIÓN DE PARROQUIAS CON MINISTERIO HISPANO

Casi dos tercios de las parroquias que respondieron (63 %) tienen más de un sacerdote asignado a sus parroquias. Cuando es así, es probable que al menos uno de ellos sea hispano.

En las parroquias con ministerio hispano, el número de católicos que va a Misa es mayor comparado con el de todas las parroquias en el país. Al mismo tiempo, las parroquias que respondieron tienen más feligreses por cada persona en el equipo pastoral y administrativo que la parroquia católica promedio en los Estados Unidos. En promedio, hay 4.5 miembros del personal pastoral y administrativo que se identifican como hispanos y 3.8 que hablan español en ellas. Menos de la mitad del personal de estas comunidades es, en promedio, hispana o habla español.

En promedio, las parroquias que respondieron reciben $7,744 en las colectas de las ofrendas parroquiales semanales (mediana de $5,000). Esta cantidad es un 15.7 % más

CUANDO SE PIDIÓ, EN UNA PREGUNTA ABIERTA, QUE NOMBRARAN LAS CELEBRACIONES ESPIRITUALES/LITÚRGICAS QUE ATRAEN AL MAYOR NÚMERO DE FELIGRESES HISPANOS LAS PARROQUIAS RESPONDIERON:	
CUARESMA, MIÉRCOLES DE CENIZA, SEMANA SANTA, PASCUA, ETC.	30 %
NUESTRA SEÑORA DE GUADALUPE	25 %
SACRAMENTOS, MISAS, BODAS, PRIMERA COMUNIÓN, ETC.	19 %
ADVIENTO, NAVIDAD, VÍSPERA DE NAVIDAD, EPIFANÍA	10 %

baja que el promedio de $9,191 recibido en todas las parroquias a nivel nacional. En promedio, $1,502 de las ofrendas semanales de las parroquias que respondieron provienen de los feligreses en las Misas en español (mediana de $840). Los resultados del estudio revelan que mientras mayor sea el porcentaje de feligreses hispanos que van a Misa en una parroquia, menor es el total de ingresos y gastos (ver cuadro).

El 54 % de las parroquias que respondieron tiene una recepcionista o una secretaria que habla español. Esto es más común en las parroquias del oeste (83 %) y en aquellas que tienen al menos un 50 % de feligreses que van a Misa que se identifica como hispano (83 %).

Aunque el 55 % de las parroquias con ministerio hispano tiene un director contratado para el ministerio musical, sólo el 20 % de estos individuos habla español y el 19 % se identifica como hispano. El 26 % de las parroquias que sirven a católicos hispanos tiene un director contratado para dirigir el coro o los coros en español. Tres de cada cinco de estos individuos son hispanos.

Un fenómeno común en las parroquias con ministerio hispano es la existencia de cuerpos consultivos paralelos a los Consejos Pastorales sancionados canónicamente. Estos grupos de consulta están constituidos fundamentalmente por líderes hispanos y, principalmente, tratan asuntos relacionados con la comunidad hispana. El 58 % de las parroquias del noreste tiene grupos consultivos hispanos, 52 % en el oeste, 51 % en el medio oeste y 44 % en el sur.

OTRAS ÁREAS DE LA VIDA PARROQUIAL

Las parroquias que respondieron tienen más probabilidades de haber organizado los siguientes grupos, reuniones, clases o acontecimientos en el último año: proyectos de servicio o voluntariado en la comunidad (82 %), conversaciones para planear estratégicamente (82 %), clases para parejas casadas (71 %), reuniones para evaluar las necesidades de la parroquia (70 %), sesiones para comentar

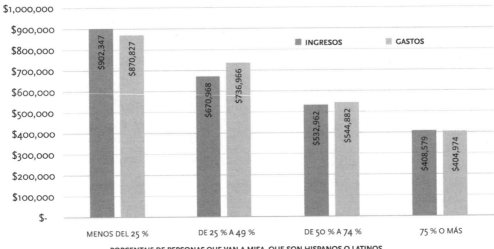

PRESUPUESTO PARROQUIAL

PORCENTAJE DE PERSONAS QUE VAN A MISA, QUE SON HISPANOS O LATINOS

temas relacionados con la educación de los hijos (62 %) y reuniones para aprender sobre obras de caridad religiosa en otros países (50 %).

Menos de la mitad de las parroquias ha organizado lo siguiente en el último año: conversaciones grupales sobre libros aparte de la Biblia (47 %), esfuerzos para registrar votantes (43 %), clases para aprender inglés (41 %), reuniones para comentar temas políticos (38 %) y reuniones para planear conversaciones con funcionarios políticos (20 %).

El 29 % de las parroquias que respondieron informa tener un ministerio formal hacia los hispanos que están en prisión. Dentro de este grupo, las parroquias del sur (33 %) tienden a tener este ministerio más que las del oeste (24 %), el noreste (26 %) y el medio oeste (27 %).

PERCEPCIONES SOBRE LA PARTICIPACIÓN EN LA VIDA PARROQUIAL

Las parroquias son espacios únicos en los que los católicos nos encontramos para compartir el don de la fe, nos nutrimos espiritualmente a través de la oración y la celebración, experimentamos la alegría de pertenecer a una comunidad de creyentes y ser enviados para vivir como auténticos discípulos cristianos de manera intencional. Aunque es vital que muchas de estas dinámicas ocurran con cierto grado de intencionalidad, las parroquias no son el objetivo final de la vida católica. El papel de la parroquia es más bien de mediación. En contextos culturalmente diversos como la experiencia católica en los Estados Unidos, la parroquia es con frecuencia mediadora de la experiencia cristiana mientras que acompaña a los católicos de orígenes diversos

¿QUÉ TAN INTEGRADOS DIRÍA USTED ESTÁN LOS SIGUIENTES SUB-GRUPOS HISPANOS/LATINOS AL RESTO DE LA PARROQUIA (P. EJ. LIDERAZGO, COLABORACIÓN CON GRUPOS NO HISPANOS/LATINOS, PARTICIPACIÓN EN PROYECTOS SOCIALES COMUNES, VIDA LITÚRGICA)?

	COMPLETAMENTE	VISIBLEMENTE, PERO FALTA	MUY POCO	NADA
INMIGRANTES HISPANOS/LATINOS	9 %	37 %	34 %	20 %
HIJOS DE INMIGRANTES HISPANOS/LATINOS	6	30	39	25
HISPANOS/LATINOS NACIDOS Y CRIADOS EN ESTADOS UNIDOS, MENORES DE 18 AÑOS	6	28	41	25
HISPANOS/LATINOS NACIDOS Y CRIADOS EN ESTADOS UNIDOS, DE 18 AÑOS Y MAYORES	9	33	35	23

en la negociación de asuntos claves como el pluralismo, las diferencias culturales y el idioma.

Una manera de medir cuán bien se desempeñan las parroquias con ministerio hispano en acompañar a los católicos hispanos para que se beneficien de los recursos de sus comunidades de fe es observando las percepciones sobre participación. Preguntamos a los líderes que supervisan el ministerio hispano en las parroquias que participan en este estudio: *¿Qué tan integrados diría usted están los siguientes sub-grupos hispanos/latinos al resto de la parroquia (p. ej. liderazgo, colaboración con grupos no hispanos/latinos, participación en proyectos sociales comunes, vida litúrgica)?*

Menos del 10 % de los líderes pastorales percibe que los feligreses hispanos de todos los subgrupos están "completamente" integrados. La mayoría dice que estos grupos están integrados en la parroquia "visiblemente, pero falta" o "muy poco". Uno de cada cinco o más dice que estos grupos no están "nada" integrados. Sin embargo, las respuestas para las opciones "muy poco" y "nada" juntas reportan un total de más del 50 % para todos los subgrupos dentro de todos los grupos. "Muy poco" es la mediana de la respuesta.

Los movimientos apostólicos en las parroquias que sirven a los católicos hispanos

Los movimientos apostólicos juegan un papel muy importante en las parroquias católicas con ministerio hispano en los Estados Unidos. El movimiento apostólico más presente en estas comunidades es la Renovación Carismática Católica. Exactamente la mitad de todas las parroquias que respondieron indican que se encuentra activa en ellas. Un tercio (34 %) del total de las parroquias informa la presencia de los Caballeros de Colón. Tres de cada diez indicaron que el movimiento de Cursillo se encuentra activo y una de cada cinco observan lo mismo acerca de la Legión de María. Del mismo modo, se reporta que Jóvenes para Cristo y el Movimiento Familiar Cristiano se encuentran activos en el 13 % de todas las parroquias que respondieron. Otros movimientos apostólicos que tienen presencia significativa en las parroquias con ministerio hispano son: Juan XXIII (7 %), Camino Neocatecumenal (5 %), Schoenstatt (2 %). Otras iniciativas apostólicas identificadas como movimientos apostólicos reportados son: Amor en Acción, Comunión y Liberación, ACTS (Adoración, Comunidad, Teología y Servicio), Adoración Nocturna, Apostolado de la Cruz, Divina Misericordia, Encuentro Matrimonial Mundial, Emaús, Movimiento Bíblico Católico, Guadalupanos, pequeñas comunidades eclesiales, grupos de oración y *RENEW International*.

Los siguientes movimientos apostólicos presentes en parroquias están identificados como los poseedores del mayor porcentaje de membresías entre los hispanos: Renovación Carismática Católica (23 %), Cursillo (11 %) y los Caballeros de Colón (5 %).

Los Directores del Ministerio Hispano parroquiales informan que el número promedio de hispanos por parroquia que participan regularmente en actividades (por ejemplo, grupos de oración, pequeñas comunidades) de uno o más movimientos apostólicos es 174 (mediana de 73). Al comparar este número con el promedio de católicos que asisten a Misa regularmente los fines de semana en las parroquias con ministerio hispano (a saber 1,419), donde el 48 % de los cuales son hispanos, podemos estimar que aproximadamente el 25 % de los hispanos activos en estas parroquias están de algún modo involucrados en un movimiento apostólico. Conscientes de que el 40 % de quienes se identifican como católicos hispanos asisten a Misa en un fin de semana típico,[12] podemos estimar que cerca del 10 % de todos los católicos hispanos activos están involucrados de algún modo en un movimiento apostólico en el ámbito parroquial. En promedio, las parroquias del medio oeste cuentan con el menor número de hispanos afiliados a un movimiento apostólico.

ALGUNOS COMENTARIOS SOBRE LA RENOVACIÓN CARISMÁTICA CATÓLICA

El movimiento apostólico más presente (50 %) en las parroquias con ministerio hispano es la Renovación Carismática Católica. Es importante observar que este número se refiere a la presencia del movimiento en las parroquias, no a la afiliación general de católicos hispanos a esta espiritualidad en particular. La Renovación Carismática Católica...

- Cuando está presente, es normalmente el movimiento apostólico más grande en la parroquia.

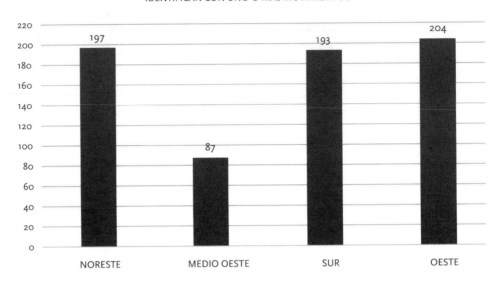

NÚMERO PROMEDIO DE HISPANOS/LATINOS DE SU PARROQUIA QUE SE
IDENTIFICAN CON UNO O MÁS MOVIMIENTOS

- Aunque está extendida en todo el país, es más pujante en el noreste y el oeste.

- Es el movimiento más propenso a formar grupos pequeños, elegir su propio material catequístico y celebrar la Misa de manera regular inspirados en su espiritualidad.

- Ha jugado un papel fundamental al momento de fomentar vocaciones al liderazgo entre los católicos hispanos. Las parroquias que respondieron identificaron este movimiento apostólico como el más proclive a brindar formación para sus líderes, tiene un sacerdote o un diácono permanente instruido en su espiritualidad que acompaña a sus miembros, e inspira vocaciones al sacerdocio ministerial y a la vida consagrada.

INFLUENCIA DE LOS MOVIMIENTOS APOSTÓLICOS EN LA VIDA PARROQUIAL

Dos tercios de las parroquias con ministerio hispano dicen que al menos un movimiento apostólico tiene en ellas grupos de oración arraigados en la espiritualidad particular de dicho movimiento. En el 53 % de las parroquias, los movimientos apostólicos forman pequeñas comunidades de fe. El 48 % indica que los movimientos apostólicos elaboran su propio material catequético. Menos, el 36 % dice que los movimientos apostólicos celebran la Misa de manera regular inspirados en su espiritualidad. En el 34 % de las parroquias un sacerdote formado en la espiritualidad de un movimiento apostólico regularmente acompaña a los miembros. Una de cada cinco indica que lo hace un diácono formado en la espiritualidad del movimiento. El 15 % de los ministros hispanos reportan vocaciones al sacerdocio inspiradas en un movimiento apostólico. El 9 % señala vocaciones a la vida religiosa consagrada.

La parroquia con ministerio hispano: Observaciones

Los hispanos representan el 71 % del crecimiento de la población católica en los Estados Unidos desde 1960. Dicho crecimiento ha tenido un impacto directo en el número de las parroquias católicas en el país que intencionalmente han establecido estructuras, programas y estrategias para servir a esta población. El 25 % de todas las parroquias de los Estados Unidos tienen ministerio hispano. No obstante, el número de parroquias con ministerio hispano no ha aumentado al mismo ritmo que la población católica hispana.

Dado que la mayoría de las parroquias con ministerio hispano están situadas en el sur y en el oeste (61 %), las regiones del país donde también está teniendo lugar el mayor crecimiento de la población católica, son dichas parroquias en estas regiones geográficas las que asumen la mayor responsabilidad de recibir, servir e integrar a los católicos hispanos en la vida de la Iglesia en los Estados Unidos. Es fundamental que esfuerzos estratégicos de planeación pastoral a nivel regional y nacional prioricen el fortalecimiento de iniciativas de evangelización, el fomento de la vida ministerial y el establecimiento de estructuras organizativas a fin de brindar un mejor apoyo a las parroquias católicas que sirven a los hispanos en estas áreas geográficas.

En términos generales, las parroquias con ministerio hispano cuentan con menos recursos comparadas con aquellas que no lo tienen. Muchas afrontan dificultades económicas. Los recursos son aún más escasos en las parroquias donde los hispanos superan la mitad de la población parroquial. Bajo estas circunstancias, dichas comunidades no pueden invertir lo necesario para satisfacer sus crecientes demandas. En el futuro cercano, la planeación pastoral requerirá que más parroquias brinden servicios a los católicos hispanos y esos servicios tendrán que contar con los recursos pertinentes para que la labor evangelizadora sea efectiva. Entre tanto, necesitamos asignar más recursos a aquellas parroquias que ya están sirviendo a los católicos hispanos.

La observación desde una perspectiva pastoral confirma que para muchos católicos hispanos especialmente los inmigrantes, las parroquias son instituciones dignas de confianza que facilitan la pertenencia y la participación comunitaria. La mayoría de los esfuerzos en el ministerio hispano, por lo menos como los definen actualmente las diócesis y las parroquias a nivel nacional, se centran en satisfacer las necesidades espirituales, sacramentales y sociales de los inmigrantes hispanos y sus familias. La información que arroja este estudio muestra que dicha presencia hispana está definiendo y redefiniendo las parroquias. Prácticas cada vez más comunes como el bilingüismo y las iniciativas en inglés que incorporan elementos clave de las diversas tradiciones culturales y religiosas hispanas señalan una transformación más profunda aún de la experiencia parroquial católica estadounidense. A pesar de estas transformaciones en curso, es preocupante que los líderes pastorales de más de la mitad de las parroquias con ministerio hispano coinciden en su observación de que los católicos hispanos de todas las edades, inmigrantes y nacidos en el país, se integran "visiblemente, pero falta" o "nada" en la vida de la parroquia. Todas estas dinámicas en conjunto exigen una visión renovada del ministerio, creatividad al igual que flexibilidad y un equipo de líderes pastorales debidamente preparados para servir en estas comunidades.

La experiencia de los católicos hispanos en los Estados Unidos está íntimamente vinculada a la presencia y el dinamismo de los movimientos apostólicos. El ministerio en estas comunidades parroquiales se beneficiará mucho si se asocia con los movimientos apostólicos que existen en ellas y con sus líderes para facilitar iniciativas de evangelización efectivas entre los católicos hispanos. Debe prestarse más atención a la integración de estos grupos como parte de las grandes estrategias ministeriales de la parroquia, de manera que no funcionen como unidades independientes, tal vez aisladas. Además, los líderes pastorales que coordinan el ministerio hispano se beneficiarán al aprender más de los movimientos apostólicos y sus contribuciones a la vida parroquial. Los movimientos apostólicos son eficaces a la hora de fomentar y apoyar nuevos líderes, formar pequeñas comunidades de oración y de estudio, y motivar a los católicos hispanos a mantenerse activos en la vida de la parroquia. ∎

Preguntas para el diálogo y la reflexión

1. ¿De qué manera los católicos hispanos influencian positivamente la vida parroquial? ¿Están en la parroquia todos al tanto de dicha influencia?

2. ¿Cuáles son algunos de los desafíos más urgentes que enfrentan las parroquias con ministerio hispano? ¿Qué debemos hacer en respuesta a estos desafíos?

3. ¿Qué pueden hacer las parroquias con ministerio hispano para integrar mejor la energía y la vitalidad de los movimientos apostólicos?

Estudio nacional de parroquias católicas con ministerio hispano

"Cada cristiano y cada comunidad discernirá cuál es el camino que el Señor le pide, pero todos somos invitados a aceptar este llamado: salir de la propia comodidad y atreverse a llegar a todas las periferias que necesitan la luz del Evangelio".

—Papa Francisco, *Evangelii Gaudium*, 20

El párroco en las parroquias con ministerio hispano

- Edad promedio: 58 años [menores que el promedio nacional para todo el clero diocesano (62) y religioso (66)]. El 59 % de los párrocos que sirven hoy en estas comunidades tienen más de 55 años. El 27 % tiene entre 55 y 64 años; el 24 %, entre 65 y 74; el 8 % tiene 75 años o más.

- La mayoría se ordenó alrededor del año 1985 (más recientemente que el promedio nacional para el clero en total: 1976). El 15 % de los párrocos que respondieron se ordenaron para una diócesis o instituto de vida consagrada fuera de los Estados Unidos. Haberse ordenado fuera de los Estados Unidos es más común para los párrocos que sirven en una parroquia en el oeste (22 %) y el sur (19 %) que en el noreste (12 %) y el medio oeste (6 %).

- El 68 % nació en los Estados Unidos (nacionalmente, el 89 % nació en el país). De estos, el 10 % se identifica como hispano. El 4 % dice que el español es su lengua materna y el 6 % declara el inglés y el español como lenguas maternas.

- El 32 % nació fuera de los Estados Unidos. El 26 % de los párrocos extranjeros que respondieron indicaron haber nacido en México y el 16 % en Colombia. El 10 % nació en Irlanda y el 7 % en las Filipinas. El 4 % nació en la India y el mismo porcentaje en Polonia, así como también en Cuba. El 3 % es originario de Italia y el mismo porcentaje de Perú. El 2 % nació en Vietnam. El resto de los párrocos extranjeros provienen de otros 24 países.

- El 76 % dice que el inglés es su lengua materna; el 16 % identifica el español como tal. El 1 % declara el inglés y el español como lenguas maternas. El 7 % señaló otra lengua materna.

- El 69 % domina por lo menos un segundo idioma. El mismo porcentaje declara dominar el español.

- Dos tercios se identifican como blancos no hispanos. El 22 % se identifica como hispano. A nivel nacional, el 7.5 % de los sacerdotes se identifican como hispanos o latinos.

- El 5 % se declara asiático o nativo de las islas del Pacífico. El 2 % son negros, afroamericanos, africanos o afrocaribeños. El 1 % se identifica como indígena americano o nativo de Alaska.

- El 91 % posee un diploma de posgrado, con un 14 % que ha alcanzado una licenciatura en ciencias eclesiásticas y un 13 % que ha obtenido un doctorado. El 9 % tiene solamente una licenciatura o su equivalente.

EL PÁRROCO QUE SIRVE EN MÁS DE UNA PARROQUIA

Un tercio de los párrocos están activos en más de una parroquia. El 19 % está activo en dos (p. ej.: la parroquia por la cual son responsables y otra); el 8 %, en tres y el 6 %, en cuatro o más. Es más probable que los párrocos en el medio oeste sirven en más de una parroquia (41 %). A nivel nacional, el 15 % de los sacerdotes activos en ministerios parroquiales (haciendo más que "ayudar") están asignados a más de una parroquia.[13]

EL PÁRROCO HISPANO

Como se mencionó anteriormente, el 22 % de los párrocos de las parroquias que participaron en el estudio se identifican como hispanos. Es más probable que los párrocos que respondieron en el oeste (39 %), en el sur (24 %) y en el noreste (20 %) se identifiquen como hispanos que los del medio oeste (7 %). Casi la mitad de los párrocos (48 %) de las parroquias en donde más del 75 % de las personas que van a Misa son hispanas, también se identifican como hispanos.

COMPETENCIA CULTURAL PARA EL MINISTERIO HISPANO

- El 57 % de los párrocos que respondieron han recibido capacitación específica para trabajar con católicos hispanos en los Estados Unidos. El 64 % ha conocido un teólogo católico hispano estadounidense, aunque sólo el 28 % ha trabajado con dicha persona. El 54 % de los párrocos han vivido en América Latina o en España en algún momento de su vida.

- Quienes respondieron de las parroquias del noreste tienen más probabilidades de haber recibido capacitación para el ministerio hispano (70 %) y haber vivido en América Latina o en España (61 %) que aquellos que respondieron del sur: haber recibido esta capacitación (59 %) o haber vivido en América Latina o en España (51 %).

- El 45 % de quienes respondieron indicaron específicamente el tipo de capacitación que han recibido. Entre los tipos de capacitación más comunes se encuentran cursos realizados en el Colegio Católico México Americano (18 %) y aquellos tomados durante los años de seminario (13 %). Solamente el 4 % observó hacer recibido específicamente capacitación diocesana. Sin embargo, es probable que otros talleres, cursos y seminarios mencionados hayan estado parcial o totalmente financiados por su diócesis.

El Director del Ministerio Hispano de la parroquia

El Director del Ministerio Hispano es el líder pastoral, con frecuencia un miembro del personal administrativo de la parroquia, quien supervisa la dinámica cotidiana de la planeación y el servicio pastoral directamente asociado con el ministerio hacia los católicos hispanos en las parroquias.

- Edad promedio: 54 años. El 47 % nació antes de 1960. Aproximadamente el 23 % nació antes de 1950; el 23 % en la década de 1950 y el 28 % en la de 1960. Sólo el 26 % nació en la década de 1970 o después.

- El 39 % son sacerdotes; el 37 % laicos (22 % mujeres y 15 % hombres); el 18 % religiosos profesos (12 % religiosas y 6 % religiosos); y el 6 % son diáconos.

- El 64 % se identifica como hispano. Un tercio se identifica como blanco no hispano. Quienes respondieron en el oeste tienen más tendencia a identificarse como hispanos (84 %). Esto es menos común en el medio oeste (47 %).

- El 41 % nació en los Estados Unidos, 31 % de los cuales se identifican como hispanos. Los directores que nacieron en el país son más comunes en el noreste (51 %) y en el medio oeste (62 %) que en el sur (38 %) o en el oeste (18 %).

- La mayoría de los directores nacidos fuera de los Estados Unidos provienen de México (46 %), seguido por Colombia (12 %), Perú (4 %), Guatemala (3 %), El Salvador (3 %) y Cuba (3 %). Los Puertorriqueños representan el 6 %. Otros países identificados: Venezuela, Ecuador, Nicaragua, Chile, República Dominicana, Haití, Honduras y Jamaica. El 8 % nació fuera de América Latina o del Caribe.

- El 57 % habla español y el 39 % inglés como lengua materna. El 4 % habla otro idioma como lengua materna. En general, el 94 % de los Directores del Ministerio Hispano a nivel parroquial dominan el español.

- La mayoría trabaja en una sola parroquia (71 %). El 13 % está activo en dos parroquias; el 7 % en tres y el 9 % en cuatro o más. Es más probable que los directores en el noreste sirvan en más de una parroquia (43 %) que los directores en el oeste (15 %).

- El 28 % adelanta este ministerio en las parroquias como voluntarios o ministros sin remuneración.

- El sueldo anual promedio de un Director del Ministerio Hispano parroquial es de $17,449. Este promedio incluye a voluntarios y a ministros que ganan $0. Entre aquellos que reciben remuneración por su ministerio, el salario promedio anual es de $24,078.

	MINISTERIO CATÓLICO EN CUALQUIER ÁMBITO	MINISTERIO CATÓLICO EN EL ÁMBITO DE UNA PARROQUIA	MINISTERIO HISPANO EN EL ÁMBITO DE UNA PARROQUIA
ANTES DE 1960	5 %	3 %	<1 %
DE 1960 A 1974	20	14	9
DE 1975 A 1989	31	27	18
DEL 1990 AL 2004	34	40	40
DEL 2005 AL PRESENTE	10	16	33
PROMEDIO:	1986	1990	1996
MEDIANA:	1986	1993	2001

El año que en promedio los directores indican haber comenzado a trabajar en el ministerio hispano es 1996. Un tercio de los encuestados lo hizo durante la última década.

NIVEL ACADÉMICO E INFORMACIÓN SOBRE COMPETENCIA CULTURAL

El 56 % de los Directores del Ministerio Hispano tiene un posgrado. Uno de cada cuatro ha completado solamente una licenciatura (24 %). Uno de cada cinco tiene sólo un título de escuela secundaria o un GED (diploma de equivalencia de graduación) (20 %). El 61 % de los directores ha recibido capacitación específica para trabajar en el ministerio hispano en los Estados Unidos. El 56 % ha conocido a un teólogo católico hispano estadounidense, pero sólo el 24 % indica haber trabajado con dicha persona. El 69 % de los directores ha vivido en América Latina o en España en algún momento de su vida. Esto es más común entre directores en el noreste (79 %) y los directores en el medio oeste (76 %).

El Director de Educación Religiosa (DER) para los católicos hispanos

Conscientes de que en algunas parroquias la persona o el equipo que supervisa la educación religiosa de toda la comunidad no siempre es quien realiza la misma tarea con los feligreses hispanoparlantes, se instruyó que la persona que respondiera el cuestionario fuera aquella que más directamente trabaja en los programas de educación religiosa con los católicos hispanos. El título de Director de Educación Religiosa se usa flexiblemente en este contexto. La mayoría de quienes respondieron son parte del personal pastoral y/o administrativo de la parroquia.

- Edad promedio: 51 años. El 54 % tiene más de 50 años. Un cuarto (26 %) tiene entre 40 y 49 años; y el 16 % entre 30 y 39 años. Solamente el 4 % tiene menos de 30 años.

- El 60 % son mujeres laicas y el 16 % son hombres laicos. El 7 % son mujeres religiosas profesas y el 3 % son hombres religiosos profesos no ordenados. El 10 % son sacerdotes y el 4 % diáconos permanentes.

- El 50 % se identifica como hispano. De ellos, el 31 % nació en los Estados Unidos. El 46 % se identifica como blanco no hispano. Sólo el 2 % se identifica como negro/afroamericano, el 1 % como asiático y el 1 % como indígena americano. Los DER en el oeste (61 %) tienden más a identificarse como hispanos que aquellos en el noreste (49 %), el sur (42 %) o aquellos en el medio oeste (25 %).

- El 64 % nació en los Estados Unidos. Más DER en el medio oeste (72 %) y el sur (71 %) han nacido en los Estados Unidos que aquellos en el noreste (58 %) o el oeste (53 %).

- El 36 % nacieron fuera de los Estados Unidos. La mayoría en este grupo nacieron en México (53 % de los que nacieron fuera de los Estados Unidos y el 15 % de todos los DER que respondieron). En total, el 22 % de los DER nacieron en un país latinoamericano. La mayoría de los DER que dijeron haber nacido fuera de los Estados Unidos, Latinoamérica y el Caribe, un 14 %, nacieron en Europa.

- El 61 % habla inglés y el 33 % español como lengua materna. El 4 % identifica el inglés y el español como lenguas maternas. El 2 % habla otro idioma como lengua materna. En general, el 57 % de los DER de las parroquias con ministerio hispano dominan el español.

- La mayoría trabaja en una sola parroquia (85 %). El 7 % está activo en dos parroquias; el 5 % en tres y el 3 % en cuatro o más.

- El 21 % trabaja en este ministerio parroquial como voluntarios o ministros sin remuneración.

- El sueldo anual promedio de un Director de Educación Religiosa en una parroquia con ministerio hispano es de $21,218. Este promedio incluye a voluntarios y a ministros que ganan $0. Entre aquellos que reciben remuneración por su ministerio, el salario promedio anual es de $26,857. Los salarios de los DER en las parroquias con ministerio hispano son más altos en el medio oeste y en el oeste. El noreste tiene el salario promedio más bajo para este grupo de líderes pastorales.

AÑO EN QUE USTED COMENZÓ EN EL...

	MINISTERIO CATÓLICO EN CUALQUIER ÁMBITO	MINISTERIO CATÓLICO EN EL ÁMBITO DE UNA PARROQUIA	MINISTERIO HISPANO EN EL ÁMBITO DE UNA PARROQUIA
ANTES DE 1980	24 %	17 %	5 %
DE 1980 A 1989	28	25	14
DE 1990 A 1999	25	25	22
DEL 2000 AL 2009	20	29	45
DEL 2010 AL PRESENTE	2	5	14
PROMEDIO:	1988	1992	1999
MEDIANA:	1989	1993	2001

El año que en promedio los DER indican haber comenzado a trabajar en el ministerio hispano es 1999. La mayoría (59 %) comenzó en el ministerio hispano a partir del 2000.

NIVEL ACADÉMICO E INFORMACIÓN SOBRE COMPETENCIA CULTURAL

- El 41 % de los líderes pastorales encargados de los programas de formación de la fe para los católicos hispanos poseen un título de posgrado (35 % una maestría; 3 % una licenciatura en ciencias eclesiásticas y 3 % un doctorado). El 35 % ha completado sólo una licenciatura o estudio superior. Uno de cada cinco tiene sólo un diploma de escuela secundaria o un GED (diploma de equivalencia de graduación) (24 %). Es más probable que los DER en el noreste (41 %) y el medio oeste (39 %) tengan una maestría que aquellos en el sur (33 %) y el oeste (31 %).

- El 84 % de los DER que respondieron indican haber tenido alguna forma de educación ministerial o religiosa. La mayoría la recibió en un programa de certificación o un programa a distancia (36 %) o en un programa de posgrado (27 %).

- El 49 % de los DER ha recibido capacitación específica para trabajar con católicos hispanos en Estados Unidos. Uno de cada cuatro recibió esta capacitación en su diócesis. Sin embargo, más de la mitad no indica haber recibido dicha capacitación. El 54 % ha conocido a un teólogo católico hispano estadounidense, pero sólo el 22 % indica haber trabajado con dicha persona. El 30 % de los DER ha vivido en América Latina o en España en algún momento de su vida. Esto es más común entre los DER en el noreste (54 %) y el oeste (40 %).

Diáconos permanentes hispanos

Se estima que 2,250 (aproximadamente el 15 %) de todos los diáconos permanentes católicos activos en los Estados Unidos son hispanos. Entre las parroquias que respondieron es más probable que aquellas en el oeste (44 %) y en el noreste (39 %) tengan un diácono permanente hispano que aquellas en el sur (34 %) y en el medio oeste (21 %).

- Dos tercios (68 %) se ordenaron después del año 2000. Uno de cada cuatro se ordenó desde el año 2010 en adelante.

- El 36 % nació en los Estados Unidos. Esto es mucho más común entre los diáconos en el sur (41 %) y el oeste (40 %).

- La mayoría de los diáconos nacidos fuera de los Estados Unidos provienen de México (46 %), seguido por Puerto Rico, un territorio estadounidense (22 %). Otros países identificados: Colombia, Cuba, República Dominicana, Ecuador, El Salvador, Nicaragua, Panamá, Perú y España.

- El 97 % habla español y dos tercios (66 %) sirve también a la comunidad angloparlante de su parroquia. Los diáconos permanentes hispanos en el noreste son los menos propensos a servir también a los feligreses angloparlantes en sus parroquias (39 %).

- El 79 % predica regularmente. De los que predican, el 48 % indica que lo hace una vez al mes y el 18 % predica una vez a la semana.

- El 61 % fueron feligreses en la comunidad donde ahora sirven como ministros ordenados. Esto es más común en el medio oeste (68 %).

- El 25 % ocupa un cargo remunerado en su parroquia.

- Casi la mitad (47 %) presta menos de diez horas de servicio por semana. El 12 % presta cuarenta o más horas de servicio semanales.

FORMACIÓN DE LOS DIÁCONOS HISPANOS

Aproximadamente nueve de cada diez de las diócesis que participaron en el estudio (89 %) informan tener un programa de formación hacia el diaconado. Tres de cada cuatro programas de formación diaconal ofrecen clases *solamente en inglés* para todos los aspirantes, incluidos los hispanoparlantes. El 12 % da clases principalmente en inglés y algunas en español. El 12 % ofrece un currículo ya sea totalmente en español (4 %) o uno en el que la mayoría de las clases son en español (8 %).

Casi un tercio de las diócesis con programas de formación hacia el diaconado permanente que respondieron (31 %) tienen uno o dos aspirantes hispanos inscritos y otro tercio (34 %), tres o más. Poco más de un tercio de esas diócesis (35 %) no tienen aspirantes hispanos inscritos en sus programas. Las diócesis en el oeste y aquellas con 300,000 o más católicos hispanos tienen, en promedio, números más altos de aspirantes hispanos al diaconado.

Solo el 16 % de los programas de formación exigen a todos los aspirantes que tomen cursos sobre ministerio hispano y teología hispana. Un número mucho menor (7 %) exige a los aspirantes no hispanos que aprendan español.

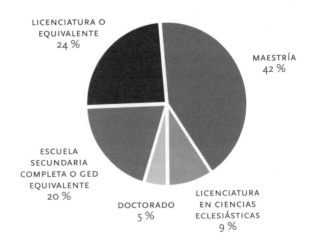

¿CUÁL DESCRIBE MEJOR SU NIVEL DE EDUCACIÓN MÁS ALTO?

- LICENCIATURA O EQUIVALENTE 24 %
- MAESTRÍA 42 %
- ESCUELA SECUNDARIA COMPLETA O GED EQUIVALENTE 20 %
- DOCTORADO 5 %
- LICENCIATURA EN CIENCIAS ECLESIÁSTICAS 9 %

Nivel académico de los diáconos permanentes hispanos

Religiosos profesos trabajando en el ministerio hispano

La presencia de religiosas y religiosos profesos sirviendo en las parroquias con ministerio hispánico es muy significativa. La diversidad de carismas que representan estos líderes pastorales enriquece la obra de evangelización entre los católicos hispanos de muchas maneras: educación, catequesis, actividad misionera, atención a los inmigrantes, justicia social, etc.

El nivel de participación de religiosas y religiosos profesos varía de una comunidad a otra. En estas parroquias con frecuencia se encuentran individuos que son miembros de diversas congregaciones, a veces pequeños equipos. Algunas de estas personas nacieron y se criaron en Estados Unidos. Otras migraron recientemente para colaborar en diócesis y en parroquias sirviendo a la población católica hispana que crece muy rápido. En preparación para el estudio, el equipo de investigación identificó un poco más de cien parroquias con ministerio hispano que son administradas por congregaciones religiosas a nivel nacional. Muchas de estas parroquias están situadas en áreas urbanas en el centro de las ciudades.

Ciertos grupos como los claretianos, los franciscanos y los redentoristas son bien conocidos en círculos católicos hispanos por destinar gran parte de sus recursos al servicio de esta población en las parroquias y por medio de sus ministerios con los medios de comunicación. Entre las congregaciones que administran parroquias con ministerio hispano más mencionadas, incluyendo las identificadas por el equipo de investigación se encuentran: agustinianos, benedictinos, carmelitas, claretianos, dominicos, franciscanos, franciscanos capuchinos, franciscanos conventuales, jesuitas, redentoristas y salesianos.

Las diócesis en el oeste (69 %) y aquellas con 300,000 o más católicos hispanos (94 %) tienden a tener más personas de origen latinoamericano que son miembros de una orden o comunidad religiosa sirviendo a los católicos hispanoparlantes. Es menos probable que las diócesis en el medio oeste (36 %) y aquellas con menos de 100,000 católicos hispanos (29 %) tengan dichos líderes pastorales presentes y activos.

ÓRDENES/COMUNIDADES RELIGIOSAS DE MUJERES QUE SIRVEN A LOS CATÓLICOS HISPANOS

La mitad de las diócesis que respondieron indican tener miembros de por lo menos una orden o comunidad latinoamericana de religiosas que sirven a los católicos hispanoparlantes en su territorio. De éstas, el 43 % dice tener miembros de una de estas órdenes o comunidades, el 23 % tiene miembros de dos y el 10 % informa que tiene miembros de tres de ellas. El 24 % restante cuenta con miembros de cuatro o más órdenes o comunidades de religiosas, con un número máximo de 30 identificado en una de las diócesis. Las diócesis que respondieron identificaron un total de 175 de dichas órdenes o comunidades.

ÓRDENES/COMUNIDADES RELIGIOSAS DE HOMBRES QUE SIRVEN A LOS CATÓLICOS HISPANOS

El 26 % de las diócesis que respondieron informan que hay por lo menos una orden o comunidad de hombres que sirven a los católicos hispanoparlantes en su territorio. De éstas, el 32 % indica que hay solamente una y el 36 % informa que son dos. El 32 % restante reporta tres o más órdenes o comunidades de hombres, con un número máximo de 38 identificado en una de las diócesis. Los encuestados identificaron un total de 142 de estas órdenes o comunidades.

Nota: Es necesario hacer una investigación más exhaustiva para identificar mejor el país de origen de los religiosos profesos que sirven a los católicos hispanos en los Estados Unidos, las congregaciones a las cuales pertenecen, cómo realizan su ministerio en parroquias y diócesis, y las características de sus carismas.

Apoyo diocesano para el ministerio hispano: Estructuras, compromisos y personal

Se identificaron en todo el país 172 diócesis con estructuras formales para servir a los católicos hispanos. Los Directores Diocesanos del Ministerio Hispano (o su equivalente) de 95 diócesis completaron su encuesta. En cuanto a la población de católicos hispanos en las diócesis que respondieron, la mediana es 72,000. La mediana de quienes van a Misa regularmente los fines de semana en estas diócesis es 17,750. El 29 % de las diócesis que respondieron estiman que tienen menos de 40,000 católicos hispanos en su territorio; el 25 % entre 40,000 y 99,999; el 25 % entre 100,000 y 299,999 y el 22 % 300,000 o más. Si se comparan estos resultados con otras bases de datos nacionales, las diócesis con una población hispana más grande tuvieron una tendencia más alta a responder los cuestionarios enviados como parte de este estudio.

ADMINISTRACIÓN DIOCESANA CENTRAL

En general, el 41 % de los obispos de las diócesis que respondieron hablan español. Esto es más común en el oeste (76 %) y menos en el noreste (24 %). Las diócesis con un mayor número de católicos hispanos tienen más posibilidades de tener un obispo hispanoparlante. Solo el 35 % de los obispos de diócesis con menos de 40,000 católicos hispanos habla español, comparados con el 75 % de aquellos cuya diócesis tiene 300,000 o más católicos hispanos.

El 29 % de los encuestados indica que su diócesis tiene un vicario episcopal para los hispanos. Esto es más común en el oeste (47 %) y en diócesis con 300,000 o más católicos hispanos (50 %). Es menos común en el sur (14 %). Entre las diócesis con un vicario episcopal para los hispanos, el 19 % tiene un obispo que cumple esta función. Esto representa el 5 % de todas las diócesis que respondieron.

LA OFICINA DIOCESANA DEL MINISTERIO HISPANO

La mayoría de las diócesis católicas en los Estados Unidos cuentan con una oficina que coordina específicamente las iniciativas para servir a los hispanos, los latinos o los hispanoparlantes. El 13 % de las diócesis han ubicado el ministerio hispano en oficinas cuyo nombre no guarda relación con el origen étnico, el idioma o la cultura (p. ej.: Oficina de Educación y Formación, Rectoría, Oficina de Asuntos Sociales y Oficina de Respeto por la Vida).

La distribución geográfica de las diócesis que respondieron es la siguiente: 32 % en el sur, 27 % en el medio oeste, 22 % en el noreste y 19 % en el oeste. La distribución de las diócesis que respondieron se aproximan mucho a la de las diócesis territoriales en los Estados Unidos (31 %, 31 %, 18 % y 20 % respectivamente).

En promedio, la oficina diocesana responsable del ministerio para los católicos hispanos se estableció en 1990 (la mediana en cuanto a los años es 1993). Más de un cuarto de estas oficinas (28 %) se estableció a partir del año 2000. El 19 % se estableció antes del año 1980.

El 63 % de las Oficinas del Ministerio Hispano funcionan como unidades independientes dentro de la estructura diocesana. Esto es más común en el sur (80 %), el medio oeste (65 %) y el noreste (62 %). Es *menos* probable que las diócesis del oeste tengan una Oficina del Ministerio Hispano que funcione como una unidad independiente (29 %).

LA TAREA

El 45 % de quienes respondieron indica que su Oficina del Ministerio Hispano es responsable de la coordinación de la mayor parte de la actividad pastoral y administrativa a nivel diocesano con los católicos hispanoparlantes, aunque otras oficinas diocesanas ayudan con esa responsabilidad. Más de un cuarto (26 %) dice que su oficina es completamente responsable de esto. Aproximadamente uno de cada cinco (21 %) indica que la oficina funciona como intermediaria entre la comunidad hispana y las oficinas diocesanas con coordinación directa de actividades pastorales y administrativas, y que todas las oficinas diocesanas tienen personal y recursos al servicio de los católicos hispanos.

OFICINAS DIOCESANAS DEL MINISTERIO HISPANO Y PORCENTAJE DE DISTRIBUCIÓN DE RESPONSABILIDADES AL SERVICIO DE LOS CATÓLICOS HISPANOS

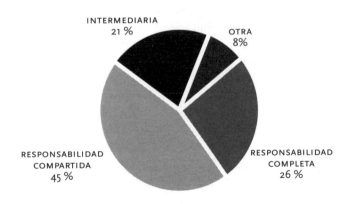

INTERMEDIARIA 21 %
OTRA 8%
RESPONSABILIDAD COMPARTIDA 45 %
RESPONSABILIDAD COMPLETA 26 %

Alrededor de un cuarto de las Oficinas del Ministerio Hispano (26 %) brindan capacitación a los sacerdotes nacidos en América Latina para una mejor comprensión del contexto ministerial en Estados Unidos. El 59 % coordina las tareas de educación religiosa para los católicos hispanoparlantes de la diócesis. Casi seis de cada diez (59 %) se encargan de coordinar las iniciativas diocesanas al servicio de la juventud hispana.

EL MINISTERIO HISPANO DENTRO DE LA OFICINA DE MINISTERIOS MULTICULTURALES

Aproximadamente una de cada cinco (19 %) oficinas que coordinan el ministerio hispano forman parte de una Oficina de Ministerios Multiculturales. El 53 % de los directores de estas oficinas se identifica como hispano y el 77 % habla español. El 41 % de los Directores de Ministerios Multiculturales destina más del 60 % de su tiempo y sus recursos a los ministerios hispanos. Casi un cuarto (23 %) destina menos del 20 % a esta área del ministerio. El 73 % de las oficinas de ministerios multiculturales tiene una persona encargada directamente del ministerio hispano.

PRESUPUESTO PARA EL MINISTERIO HISPANO

El 87 % de las diócesis que respondieron indican que su Oficina del Ministerio Hispano o su equivalente tiene un presupuesto anual para trabajar directamente en proyectos para los católicos hispanoparlantes.[14] Es más probable que las oficinas en el sur tengan un presupuesto anual para trabajar directamente en proyectos para los católicos hispanoparlantes (93%).

EL DIRECTOR DIOCESANO DE EDUCACIÓN RELIGIOSA PARA LOS HISPANOS

Una de cada cuatro diócesis (26 %) tiene un Director Diocesano de Educación Religiosa para los católicos hispanoparlantes. Existen importantes diferencias según la región y el tamaño de la población. La mitad de las diócesis en el oeste y el 35 % en el sur tienen un Director de Educación Religiosa para los católicos hispanoparlantes. Sin embargo, solamente lo tiene el 11 % de las diócesis en el noreste y el 11 % de las diócesis en el medio oeste. Ninguna de las diócesis con menos de 40,000 católicos hispanos que respondieron tiene un director. No obstante, el 63 % de aquellas con 300,000 o más católicos hispanos cuenta con un Director de Educación Religiosa para los católicos hispanoparlantes.

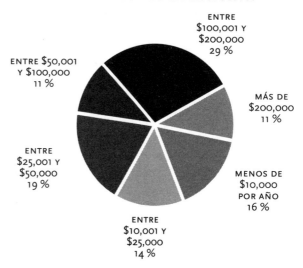

EN CASO AFIRMATIVO [TIENE PRESUPUESTO], ¿A CUÁNTO ASCIENDE EL PRESUPUESTO?

ENTRE $100,001 Y $200,000 — 29 %
MÁS DE $200,000 — 11 %
MENOS DE $10,000 POR AÑO — 16 %
ENTRE $10,001 Y $25,000 — 14 %
ENTRE $25,001 Y $50,000 — 19 %
ENTRE $50,001 Y $100,000 — 11 %

Cuando existe un Director de Educación Religiosa para los hispanos, todas las oficinas de educación religiosa diocesanas ofrecen programas de capacitación en español para los catequistas parroquiales. Para capacitar a los líderes catequéticos en español, el 75 % compra el material de una compañía editorial. El 25 % crea su propio material localmente.

EL DIRECTOR DIOCESANO DEL MINISTERIO DE PASTORAL JUVENIL PARA LOS CATÓLICOS HISPANOS

El 26 % de las diócesis que respondieron tienen un Director de Pastoral Juvenil para los católicos hispanos. La probabilidad de que una diócesis tenga un Director de Pastoral Juvenil aumenta con el tamaño de la población hispana. Solamente el 10 % de las diócesis con menos de 40,000 católicos hispanos tiene un director. En comparación, el 60 % de aquellas con 300,000 o más católicos hispanos tienen un Director de Pastoral Juvenil para los católicos hispanos. Es más probable que las diócesis en el sur y en el oeste (46 % y 31 % respectivamente) tengan este director.

El 96 % de los Directores de Pastoral Juvenil Diocesanos para los católicos hispanos de las diócesis que respondieron reciben remuneración. La mediana del salario anual es $36,000. Todos se identifican como hispanos y todos hablan español. La mayoría (53 %) tiene menos de 40 años. El 77 % ha obtenido por lo menos una licenciatura; la mitad tiene una maestría.

INSTITUTOS PASTORALES PARA LOS CATÓLICOS HISPANOPARLANTES

Un tercio de las diócesis (34 %) tienen un instituto pastoral para la formación de la fe y el liderazgo al servicio de los católicos hispanoparlantes. Es más probable que las diócesis en el noreste (50 %) y las en el oeste (41 %) tengan un instituto, comparadas con las diócesis en el medio oeste (28 %) y en el sur (25 %). Las diócesis con 300,000 o más católicos hispanos tienden a tener un instituto (63 %).

El 45 % de los institutos pastorales son administrados por la Oficina Diocesana del Ministerio Hispano. Un 14 % es administrado por la Oficina de Educación Religiosa. Otro 14 % funciona independientemente de las estructuras diocesanas, aunque trabaja en colaboración con ellas. La mayoría (55 %) utiliza principalmente recursos elaborados a nivel local, mientras que el 41 % recurre a los que distribuyen las editoriales.

El Director del Ministerio Hispano Diocesano

El 61 % de los líderes pastorales que coordinan el ministerio hispano en las diócesis que respondieron poseen el título de "Director del Ministerio Hispano", Otros títulos comunes: coordinador, delegado o vicario del ministerio hispano; Director del Ministerio Multicultural. En las diócesis con menos de 40,000 católicos hispanos el título de Director del Ministerio Hispano es el que más se utiliza (76 %).

- La edad mediana es: 52. El 32 % tiene entre 40 y 49 años; el 33 % entre 50 y 59. El 28 % tiene más de 60 años y solo el 7 % tiene menos de 40 años.

- El 40 % son sacerdotes (31 % diocesanos y 8 % religiosos). El 40 % son laicos (20 % hombres y 20 % mujeres). El 8 % son diáconos permanentes y el 11 % son religiosos profesos (11 % religiosas y el 1 % religiosos no ordenados).

- El 69 % trabaja tiempo completo. Es más probable que los directores en el medio oeste y en el sur trabajen tiempo completo (76 % y 75 % respectivamente). Es menos probable que aquellos en el noreste trabajen tiempo completo (56 %).

- El 77 % se identifica como hispano.

- El 94 % habla español de manera fluida.

- El 39 % nació en los Estados Unidos.

- El 61 % nacieron fuera de los Estados Unidos. La mayor parte de este grupo nació en México (46 %). El 16 % nació en Colombia; el 8 % en Perú; el 6 % en Guatemala y el 2 % en Europa. El 22 % restante proviene de otras distintas partes de América Latina y del Caribe.

- El 56 % comenzó a trabajar a nivel diocesano como transición después de trabajar en una parroquia de la misma diócesis. El 39 % vino de otra diócesis.

- Todos los directores que respondieron han obtenido al menos una licenciatura, carrera profesional o su equivalente. El 80 % se ha educado al nivel académico de maestría. Un 17 % posee una licenciatura en ciencias eclesiásticas y un 9 % tiene un doctorado.

- El 50 % reporta directamente a su obispo. Este nivel de relación con el obispo es menos común cuando el ministerio hispano funciona dentro de una oficina más grande, como la de "Ministerios Multiculturales" (35 %).

- En general, los directores diocesanos que respondieron comenzaron su cargo actual alrededor del año 2007. El 45 % comenzó en el 2010 o después. El 43 % lo hizo entre el 2000 y el 2009. El 10 % comenzó en la década de 1990 y solo el 2 % en la de 1980.

- El 73 % recibió alguna forma de capacitación en ministerio hispano y teología hispana para trabajar con los católicos hispanos en Estados Unidos.

- El 73 % ha residido en América Latina o en España en algún momento de su vida. De este grupo, el 70 % residió durante más de diez años.

- El 22 % realiza este servicio ministerial en su diócesis sin remuneración.

- El salario anual promedio de un Director Diocesano del Ministerio Hispano (o su equivalente) es de $45,000. El 8 % gana $65,000 o más por año. El 12 % gana menos de $25,000 anuales.

Liderazgo pastoral en el ministerio hispano: Observaciones

Los párrocos cumplen un papel esencial en el apoyo al ministerio hispano en las parroquias. Ellos normalmente determinan el nivel de compromiso y de inversión de recursos en esta área de la vida parroquial. Gran parte del ministerio hispano en las parroquias de hoy es el fruto del trabajo de párrocos que se capacitaron en los años inmediatamente posteriores al Concilio Vaticano II. Más de dos tercios habla español con fluidez y el mismo número ha recibido capacitación específica para trabajar con los católicos hispanos. En general, estos sacerdotes representan una fuente importante de energía para llevar adelante el ministerio hispano en las parroquias. Sin embargo, aproximadamente el 32 % tiene más de 65 años de edad y el 27 % tiene entre 55 y 64 años; la mayoría de ellos son blancos no hispanos. Al acercarnos a la inminente transición de liderazgo que las parroquias con ministerio hispano afrontarán, las diócesis tienen que planear adecuadamente para asegurarse de que la próxima generación de sacerdotes y párrocos esté preparada para responder a las necesidades y las exigencias de los hispanos y de las comunidades culturalmente diversas en las cuales servirán.

A medida que la población hispana aumenta, hay que reconocer que un número creciente de líderes pastorales que ocupan cargos claves a nivel diocesano actualmente hayan desarrollado competencias para servir a los católicos hispanos, especialmente la capacidad de hablar español. Los Directores Diocesanos del Ministerio Hispano indican que aproximadamente el 41 % de los obispos de sus diócesis hablan español. El 29 % de las diócesis tienen un vicario episcopal para los hispanos o una persona a cargo de un puesto administrativo similar, especialmente en las diócesis con grandes números de hispanos. La mayoría de las diócesis tienen un Director Diocesano del Ministerio Hispano o un cargo equivalente. Esto refleja un importante compromiso que es necesario mantener. Al mismo tiempo, a la luz de la realidad y las tendencias actuales, dichos números son relativamente pequeños. Hace falta que más líderes en las estructuras diocesanas y parroquiales desarrollen las competencias necesarias para servir a los católicos hispanos, más allá de aquellos que trabajan directamente con esta población. En muchos lugares de la geografía estadounidense, esto ya no es una opción. Nos debemos preguntar: ¿estamos como Iglesia capacitando a todos los líderes pastorales —en los seminarios, las universidades y los institutos pastorales— con las competencias necesarias para servir en una Iglesia que es cada vez más hispana? El hecho de que uno de cada cinco Directores Diocesanos del Ministerio Hispano no reciban remuneración por su trabajo y de que prácticamente la mitad (49 %) de las oficinas diocesanas tengan un presupuesto anual menor a $50,000, invita a un análisis de cuánto invierten las diócesis en esta oficina en comparación con cargos y programas diocesanos similares, así como también el nivel de prioridad de este ministerio dentro de la estructura diocesana.

Cuando se considera la raza y el origen étnico de los agentes pastorales involucrados en el ministerio hispano en los cargos más altos de liderazgo diocesano y parroquial, observamos que la mayoría son blancos no hispanos. Sólo el 10 % de los obispos activos son hispanos. El 22 % de los párrocos, el 33 % del total de sacerdotes (diocesanos y religiosos profesos) y el 42 % de las religiosas profesas que según el reporte trabajan en el ministerio hispano en las parroquias son identificados como hispanos. Más allá del mundo del ministerio hispano, el número de hispanos que ocupan dichos cargos de liderazgo en parroquias y diócesis se reduce significativamente. El hecho de que muchos líderes pastorales no hispanos estén plenamente comprometidos con el ministerio hispano revela de muchas formas un gran sentido de mutualidad y atención pastoral. Esto además sirve como modelo de liderazgo pastoral que se necesita en una iglesia culturalmente diversa. Muchos líderes pastorales hispanos hacen algo similar. Comparado con el tamaño general de la población católica hispana, no obstante, el que el número de agentes pastorales hispanos en posiciones claves de toma de decisión sea tan pequeño en parroquias y diócesis invita a un serio discernimiento. Como católicos tenemos que cuestionarnos si estamos invirtiendo lo suficiente para formar líderes pastorales hispanos, nacidos tanto en los Estados Unidos como fuera del país, y si estamos facultándolos adecuadamente para que asuman dichas responsabilidades. De no ser así, entonces debemos identificar los obstáculos y establecer las sendas a seguir para que ello ocurra.

Existen dos áreas claves de liderazgo ministerial donde los católicos hispanos se encuentran bien representados: los diáconos permanentes (58 % del total de diáconos en parroquias con ministerio hispano) y los Directores Diocesanos del Ministerio Hispano (77 %). Éstas son realidades positivas.

También los laicos católicos hispanos están muy bien representados en los programas de formación de la fe y los de liderazgo pastoral básico. Aun así, debemos reconocer que este nivel de formación pocas veces los prepara y casi nunca les otorga las credenciales necesarias para que los contraten para cargos de liderazgo pastoral en parroquias, diócesis y otras organizaciones. Se mantiene así una cuestión todavía sin resolver en la conversación sobre el ministerio eclesial laico católico en los Estados Unidos. ∎

Preguntas para el diálogo y la reflexión

1. ¿Cuáles diría usted que son algunos de los dones más valiosos que los líderes pastorales inmigrantes contribuyen a la tarea pastoral de la Iglesia en los Estados Unidos? ¿Cómo pueden fortalecerse estos dones para satisfacer las necesidades de todos los católicos en el país, no solamente los hispanos?

2. ¿Qué pueden mejorar las parroquias con ministerio hispano para fomentar entre los hispanos vocaciones al servicio ministerial en la Iglesia, particularmente al sacerdocio ministerial y la vida consagrada?

3. ¿Cómo puede usted o los líderes de su parroquia trabajar mejor con las estructuras diocesanas para responder a las necesidades de los católicos hispanos, tanto inmigrantes como nacidos en los Estados Unidos?

"A través de todas sus actividades, la parroquia alienta y forma a sus miembros para que sean agentes de evangelización. Es comunidad de comunidades, santuario donde los sedientos van a beber para seguir caminando, y centro de constante envío misionero".

—Papa Francisco, *Evangelii Gaudium*, 28

Estudio nacional de parroquias católicas con ministerio hispano

"La parroquia es, sin duda, el lugar más significativo en que se forma y manifiesta la comunidad cristiana... Ella es, por otra parte, el ámbito ordinario donde se nace y se crece en la fe. Constituye, por ello, un espacio comunitario muy adecuado para que el ministerio de la Palabra ejercido en ella sea, al mismo tiempo, enseñanza, educación y experiencia vital".

—Directorio General para la Catequesis, 257

Programas y recursos de educación religiosa para niños

Casi todas las parroquias con ministerio hispano (99.5 %) tienen programas de educación religiosa para niños. El 95 % se reúne semanalmente y el 5 % restante lo hace con menos frecuencia.

INSCRIPCIÓN DE NIÑOS HISPANOS

El promedio de todos los niños inscritos en programas de educación religiosa de las parroquias consultadas es de 265. Un tercio tiene entre 100 y 249 niños inscritos (34 %), y el 39 % más de 250. El promedio de niños hispanos inscritos en programas de educación religiosa en estas parroquias es de 179. El 30 % reporta tener entre 100 y 249 niños hispanos inscritos; el 21 % reporta contar con 250 o más. En promedio, más de dos tercios de todos los niños (68 %) inscritos en programas de educación religiosa en parroquias con ministerio hispano alrededor del país son hispanos. A nivel regional, son hispanos el 75 % de los niños inscritos en programas de educación religiosa de estas parroquias en el oeste, 71 % en el norte, 65 % en el sur y 60 % en el medio oeste.

IDIOMA EN QUE SE IMPARTE LA INSTRUCCIÓN

El 52 % de las parroquias indican que su programa de educación religiosa para niños se imparte, principalmente,

en inglés. El 12 % indica que estas reuniones se llevan a cabo, principalmente, en español. El 36 % indica que las reuniones son bilingües. Existen variaciones regionales significativas en cuanto a las preferencias de idioma: en las parroquias en el oeste es menos probable que se realicen reuniones sólo en inglés (38 %), mientras que en el sur es más probable que se realicen reuniones sólo en este idioma (60 %). En las parroquias en el oeste (44 %) y en el noreste (40 %), es más probable que se ofrezcan programas catequéticos bilingües.

LA FORMACIÓN DE LOS CATEQUISTAS

La mayoría de los esfuerzos para capacitar líderes catequéticos (56 %) los realizan las oficinas diocesanas, mientras que el 27 % lo realiza, directamente, el personal pastoral de las parroquias. La mayoría de las parroquias se benefician de una combinación de ambas fuentes de capacitación. Los movimientos apostólicos y las órdenes religiosas también proporcionan formación religiosa en estas parroquias (5 % y 4 % de todos los esfuerzos, respectivamente).

El 45 % de los catequistas de las parroquias que respondieron reciben capacitación que les prepara específicamente para enseñar a niños y jóvenes hispanos.

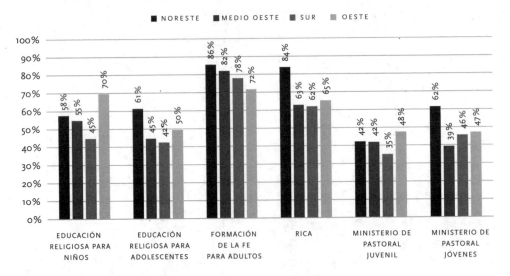

PROGRAMAS Y MINISTERIOS PARROQUIALES: PORCENTAJE DE PARROQUIAS QUE
LOS OFRECEN Y LOS IMPARTEN EN ESPAÑOL, POR REGIÓN

■ NORESTE   ■ MEDIO OESTE   ■ SUR   OESTE

RECURSOS EMPLEADOS PARA LA CATEQUESIS CON NIÑOS HISPANOS

El 45 % de las parroquias con ministerio hispano indican que usan materiales impresos para educar en la fe a los niños hispanos. De las parroquias que emplean materiales impresos...

- el 72 % usa publicaciones bilingües
- el 23 % usa publicaciones en inglés solamente
- el 5 % usa publicaciones en español solamente

Nueve de cada diez parroquias que usan materiales impresos siguen guías catequéticas. Sólo el 10 % de estas parroquias siguen el leccionario dominical como texto principal para la formación de la fe de niños hispanos.

LA PARTICIPACIÓN DE MADRES Y PADRES HISPANOS

La mayoría de las parroquias con ministerio hispano (66 %) ofrecen iniciativas para que las madres y los padres hispanos participen en los programas de educación religiosa en los que sus hijos están inscritos. Esto es más común en parroquias en el oeste (78 %) y menos común en el sur (59 %).

El cuadro siguiente destaca las áreas en las que las madres y los padres hispanos están involucrados cuando participan en estas iniciativas y el porcentaje de parroquias que declara ofrecer dichas iniciativas. Los porcentajes no corresponden al número total de padres que participan en tales iniciativas o programas.

PARTICIPACIÓN DE MADRES Y PADRES HISPANOS EN LA EDUCACIÓN RELIGIOSA DE SUS HIJOS
PORCENTAJE QUE RESPONDE "SÍ"

¿PARTICIPAN FORMALMENTE LOS PADRES DE FAMILIA HISPANOS/LATINOS EN EL/LOS PROGRAMA(S) DE EDUCACIÓN RELIGIOSA DE SUS HIJOS?	66 %
SI RESPONDEN SÍ...	
¿SON LAS REUNIONES CON ESTOS PADRES DE FAMILIA EN ESPAÑOL?	87 %
¿SE LE PIDE A LOS PADRES DE FAMILIA IR A MISA CON SUS HIJOS?	85
¿SE LE PIDE A LOS PADRES DE FAMILIA HACER TAREAS EN CASA CON SUS HIJOS?	71
¿SE REÚNEN PARA TOMAR CLASES AL MISMO TIEMPO QUE SE REÚNEN LOS HIJOS?	69
¿SE LE PIDE A LOS PADRES DE FAMILIA HACER PROYECTOS DE SERVICIO CON SUS HIJOS?	56
CUANDO ESTOS PADRES Y MADRES SE REÚNEN...	
DISCUTEN COMO ADULTOS UN TEMA DE FE	65 %
DISCUTEN EL MISMO TEMA QUE SUS HIJOS ESTÁN ESTUDIANDO	55
LEEN LAS ESCRITURAS	53
VEN UN VIDEO RELIGIOSO	27
REZAN EL ROSARIO	13
"OTRO"	28

Formación de la fe de los adultos hispanos

El 79 % de las parroquias con ministerio hispano ofrecen iniciativas de formación de la fe para adultos hispanos. Dos tercios de estas iniciativas (62 %) tienen una frecuencia semanal. El noreste tiene el porcentaje mayor de parroquias que ofrecen formación de la fe para adultos hispanos (90 %), seguido del sur (85 %), el oeste (76 %) y el medio oeste (71 %).

PARTICIPACIÓN DE ADULTOS HISPANOS

El número de personas que asisten a clases de educación religiosa para adultos hispanos es relativamente pequeño en la mayoría de las comunidades. El promedio de adultos hispanos que participan en estas iniciativas es de 44 personas. Casi la mitad (46 %) de las parroquias reportan que tienen menos de 20 adultos hispanos inscritos en iniciativas de formación de fe para adultos. Estos números son significativamente bajos en comparación con el promedio de niños hispanos inscritos en programas de educación religiosa en estas parroquias, en concreto 265 niños.

IDIOMA EN QUE SE IMPARTE LA INSTRUCCIÓN

La gran mayoría de las parroquias (79 %) que ofrecen programas de formación de la fe para adultos hispanos llevan a cabo las reuniones principalmente en español. El 16 % realiza estas reuniones de manera bilingüe. El 5 % ofrece clases para este grupo principalmente en inglés. En las parroquias ubicadas en el noreste es más probable que se conduzcan estas reuniones en español (85 %). En las parroquias en el oeste es más probable que se realicen reuniones bilingües (19 %).

RECURSOS CATEQUÉTICOS EMPLEADOS PARA LA CATEQUESIS CON ADULTOS HISPANOS

El 78 % de las parroquias con programas de educación religiosa para adultos hispanos emplean materiales impresos. La mayoría (58 %) usa principalmente materiales escritos en español; el 16 % materiales bilingües (español e inglés); y el 4 % recursos escritos en inglés. En las parroquias ubicadas en el noreste es más probable que se utilicen recursos en español (81 %), mientras que en el sur es más probable que los usen en inglés (11 %).

ESPACIOS DE FORMACIÓN DE LA FE PARA ADULTOS

Los cinco espacios más comunes de formación de la fe para adultos hispanos en parroquias con ministerio hispano son:

1. RICA (destacado por el 69 % de las parroquias)
2. Grupos de estudio bíblico (destacados por el 60 % de las parroquias)
3. Programa catequético regular (destacado por el 42 % de las parroquias)
4. Pequeñas comunidades eclesiales (destacadas por el 30 % de las parroquias)
5. Talleres de oración (destacados por el 19 % de las parroquias)

Otros espacios de formación de la fe para adultos hispanos que fueron mencionados: preparación para el Bautismo, grupos de oración carismáticos y preparación para el Matrimonio.

La formación de la fe como parte del proceso del RICA es más común en el noreste. En las parroquias ubicadas en el sur es más probable que se ofrezcan cursos de estudio bíblico.

Ministerio para los jóvenes hispanos:
Una mirada general

PROGRAMAS PASTORALES PARA LOS JÓVENES HISPANOS

Solo cuatro de diez parroquias con ministerio hispano tienen programas formales orientadas específicamente hacia los jóvenes hispanos. En el noreste y en el oeste está la proporción más grande de parroquias con tales programas (45 %), seguida por el 36 % de parroquias en el medio oeste y el 26 % de parroquias en el sur.

El 45 % de parroquias con programas pastorales para los jóvenes hispanos realizan sus reuniones primordialmente en español; el 42 % de manera bilingüe; y el 13 % en inglés. En las parroquias en el sur es más probable que se conduzcan reuniones en español (69 %).

Los datos recolectados de los representantes de 1,311 grupos juveniles parroquiales hispanos que participaron en el proceso que condujo al Primer Encuentro Nacional de Pastoral Juvenil Hispana en el año 2006 proporcionaron las siguientes observaciones sobre el idioma usado por estos grupos: el 59 % llevaba a cabo reuniones principalmente en español, el 29 % lo hacía de manera bilingüe y el 12 % en inglés.

Si comparamos ambos resultados, es posible notar una tendencia hacia un mayor número de grupos juveniles hispanos bilingües durante los 7 últimos años.[15]

LOS DESAFÍOS DE HACER PASTORAL JUVENIL A NIVEL PARROQUIAL

A los líderes pastorales de las parroquias con ministerio hispano se les formuló la siguiente pregunta abierta: *"¿Cuáles diría usted son los retos más grandes al servir a los jóvenes hispanos en su parroquia?"*. Se recibieron cientos de respuestas, la mayoría de las cuales pueden resumirse, en líneas generales, en las cuatro categorías siguientes:

1. Interés mínimo o nulo en las actividades relacionadas con la iglesia por parte de los jóvenes hispanos y sus familias.

2. Situaciones socioeconómicas extremas (p. ej., pobreza, violencia, imposibilidad de acceder a una buena educación, adicciones) que los jóvenes hispanos deben sortear a diario para sobrevivir, por lo cual la religión organizada no se encuentra entre sus primeras prioridades.

3. Falta de recursos para invertir en programas ministeriales que se relacionen verdaderamente con la realidad y los intereses de la juventud católica hispana.

4. Múltiples demandas que los jóvenes hispanos deben enfrentar para preservar su identidad en medio de un contexto altamente pluralista.

ATENCIÓN A JÓVENES HISPANOS INVOLUCRADOS CON PANDILLAS O DETENIDOS EN PRISIONES

Sólo el 4 % de las parroquias en este estudio indicaron haber diseñado programas de atención pastoral para jóvenes hispanos involucrados con pandillas. El 5 % tiene algún tipo de ministerio para jóvenes hispanos encarcelados, el número mayor de estas parroquias está en el oeste: el 10 % de las parroquias de esta región.

LÍDERES PASTORALES QUE SIRVEN A LA JUVENTUD HISPANA

Dos tercios de las parroquias con ministerio hispano tienen un líder pastoral que supervisa el ministerio de pastoral juvenil para toda la parroquia. Esto es más común en parroquias ubicadas en el noreste (75 %). ¿Quiénes son los ministros de pastoral juvenil en estas parroquias?
- el 49 % son voluntarios
- el 52 % son hispanos
- el 58 % hablan español

Sin embargo, solo el 26 % de las parroquias reportan que tienen un agente pastoral dedicado principalmente a trabajar con la juventud hispana. ¿Quiénes son los líderes pastorales que trabajan principalmente con la juventud hispana en estas parroquias?
- el 70 % son voluntarios
- el 92 % son hispanos
- el 49 % es responsable de otro ministerio en la parroquia. La mayoría de este grupo es responsable de los programas de educación religiosa.

Parroquias con ministerio hispano y las escuelas católicas

El 45 % de las parroquias que participaron en el estudio tiene o comparte la responsabilidad por una escuela católica. Según información reunida como base para este estudio, este porcentaje es significativamente más alto comparado con el 33 % estimado de todas las parroquias con ministerio hispano que están asociadas de manera similar a escuelas católicas. Una mayoría de las parroquias que respondieron en el noreste (56 %) y en el medio oeste (54 %) tienen o comparten la responsabilidad por una escuela. Esto sucede en una proporción mucho menor en el sur (34 %) y en el oeste (44 %).

ESTUDIANTES HISPANOS

Entre las parroquias con ministerio hispano que tienen o comparten la responsabilidad por una escuela católica, casi nueve de cada diez indican que ésta es una escuela primaria. Sólo una de cada diez (11 %) indica que está asociada directamente con una escuela secundaria. Se informa que el número promedio de estudiantes en las escuelas asociadas a estas parroquias es de 259, similar al promedio de matrículas en todas las escuelas primarias católicas del país. Sin embargo, el número promedio de estudiantes hispanos en estas escuelas es del 71 o el 27.4 % de la población estudiantil. Este porcentaje es casi el doble del promedio nacional de estudiantes hispanos en todas las escuelas católicas (15 %).[16] Este resultado sugiere que las parroquias con ministerio hispano tienen una influencia positiva en el esfuerzo de matricular a niños hispanos en escuelas católicas que están íntimamente asociadas a estas comunidades.

MAESTROS HISPANOS

Según el reporte, el número promedio de maestros en escuelas católicas directamente asociadas a parroquias con ministerio hispano es 21. Este número es un poco mayor que el número promedio de maestros en escuelas católicas alrededor del país (18.5). El número promedio de maestros en estas escuelas que son hispanos es 3 (14 %), más del doble del promedio nacional de maestros hispanos en escuelas católicas (6.3 %).[17] Es más probable que las escuelas en el sur y el oeste tengan más maestros hispanos e hispanoparlantes que las escuelas en el medio oeste y el noreste. Cuanto mayor es el número de hispanos en una parroquia que tiene o comparte la responsabilidad por una escuela católica, mayor es el número de maestros hispanos e hispanoparlantes.

UNA BRECHA PREOCUPANTE

Existen esfuerzos nacionales, regionales y locales muy importantes para trabajar con familias hispanas para que envíen a sus hijos a escuelas católicas. Las parroquias con ministerio hispano son las colaboradoras naturales de las escuelas católicas para el logro de esta meta. Sin embargo, los datos del *Estudio nacional* revelan que, cuanto mayor es el número de feligreses hispanos activos en una parroquia, menos probable es que esa comunidad tenga o comparta la responsabilidad por una escuela católica. Sólo el 34 % de las parroquias en las cuales la mitad o más de la mitad de los feligreses son hispanos tienen o comparten la responsabilidad por una escuela. En contraste, las parroquias donde los hispanos son menos de un cuarto de la población parroquial activa constituyen el 60 % de todas las parroquias con ministerio hispano que tienen o comparten la responsabilidad por una escuela católica. Estos números revelan una brecha preocupante entre las parroquias con grandes poblaciones hispanas y las escuelas católicas.

Las parroquias con ministerio hispano donde la mayoría de los feligreses que asisten a Misa son hispanos parecen estar en una posición privilegiada para asociarse a las escuelas católicas para matricular a niños y jóvenes hispanos. En promedio, las escuelas católicas asociadas con parroquias donde los hispanos constituyen más de la mitad de todos los fieles activos tienen 133 estudiantes hispanos, mientras que el promedio en aquellas donde hay menos feligreses hispanos activos es de 35 estudiantes hispanos.

La transmisión de la fe en el ministerio hispano: Observaciones

La presencia de católicos hispanos en los programas de educación religiosa en parroquias con ministerio hispano es vibrante y renovadora. En estas parroquias cerca de dos tercios de los niños inscritos en programas de formación de la fe son hispanos. La gran participación de niños hispanos en programas de formación de la fe sugiere la presencia activa de familias jóvenes. Es alentador que casi cuatro de cada cinco parroquias ofrezcan programas de formación de la fe para adultos hispanos. Más de dos tercios de los Bautismos en parroquias con ministerio hispano se celebran en español, lo que proporciona una oportunidad única para la catequesis de adultos. Se deben intensificar estos esfuerzos en cuanto sea posible. Se debe dar atención especial a las iniciativas de formación de la fe de los adultos, dado que, en la actualidad, las familias hispanas transmiten la fe al sector más amplio (más de la mitad) de la población católica en los Estados Unidos.

La mayoría de los esfuerzos para la educación religiosa de hispanos se llevan a cabo alrededor de la preparación para los Sacramentos. Sin embargo, es imprescindible que en las parroquias con ministerio hispano se realicen esfuerzos y se inviertan recursos en iniciativas de formación de la fe para abarcar grupos especiales de hispanos más allá de este contexto (p. ej., ancianos, personas discapacitadas, agricultores, trabajadores jóvenes, jóvenes en situaciones de alto riesgo).

El idioma tiene una función importante en el proceso de formación de la fe de los católicos hispanos. La mayoría de los adultos hispanos activos en las parroquias con ministerio hispano prefieren el español para compartir su fe y para los recursos que les ayudan a estudiarla. En el estudio, los maestros de educación religiosa destacaron repetidamente la necesidad de contar con materiales apropiados para trabajar con adultos hispanos. La mayoría de los niños reciben catequesis en sesiones en inglés o bilingües. Las respuestas obtenidas revelan que un poco más de la mitad de las parroquias con ministerio hispano no usan materiales impresos para la educación religiosa de niños hispanos. Esto plantea una preocupación válida sobre la calidad del plan de estudios así como también sobre la organización sistemática de los temas para la exploración de la fe en estas comunidades. Las oficinas diocesanas y las editoriales pueden esforzarse más para ayudar en estos casos. En las parroquias donde se emplean recursos impresos con los niños, la mayoría de estos materiales son bilingües. El uso de recursos bilingües subraya el hecho de que la mayoría de los niños y de los jóvenes católicos hispanos crecen en ambientes bilingües y biculturales. Los materiales bilingües también facilitan el diálogo intergeneracional en el seno de familias hispanas en las que algunos miembros hablan un solo idioma: español o inglés. Dada la complejidad lingüística y cultural de educar en la fe en las parroquias con ministerio hispano, debe esperarse que los líderes de educación religiosa en estos contextos, comenzando con los que organizan las estructuras de los programas de formación de fe para esta población, posean las destrezas necesarias para trabajar de manera bilingüe y bicultural.

En el año 2009 se estimó que sólo el 3 % de los niños hispanos en edad escolar asistían a escuelas católicas. Durante los cinco últimos años se han hecho avances en las diócesis alrededor del país para abordar esta realidad gracias a grandes iniciativas para promover el acceso de los niños hispanos a estas escuelas y a inversiones financieras significativas por parte de parroquias, diócesis y fundaciones.[18] Todavía queda mucho por hacer. Sin embargo, la gran mayoría de niños y jóvenes católicos hispanos en edad escolar no asisten a escuelas católicas. Dicha realidad preocupante rara vez atrae suficientemente la atención y la energía de los líderes pastorales y otras personas interesadas en invertir en educación católica. Esta situación destaca la importancia fundamental de la educación religiosa fuera de las escuelas católicas. Con frecuencia, se deja a las parroquias a merced de sus propios medios para acompañar a las familias en la educación en la fe de los niños y los jóvenes. El nivel de inversión en programas de educación religiosa y pastoral juvenil hispanas en las parroquias, comparado con la inversión para facilitar el acceso de hispanos a las escuelas católicas, es abismalmente bajo, casi inexistente en muchos lugares, a excepción de lo que estas comunidades pueden hacer con lo poco que tienen. Ya es hora de que tengamos una conversación más enfocada para abordar esta realidad. ■

Preguntas para el diálogo y la reflexión

1. ¿Estamos haciendo lo necesario para transmitir la fe a los niños católicos hispanos en nuestras parroquias? ¿En qué áreas necesitamos mejorar?

2. ¿Cómo podemos mejorar nuestro compromiso con la juventud católica hispana en nuestras parroquias?

3. ¿Estamos invirtiendo lo suficiente en oportunidades para la formación de la fe de los adultos hispanos de nuestras parroquias? ¿Qué más es necesario hacer?

"Toda parroquia está llamada a ser el espacio donde se recibe y acoge la Palabra, se celebra y se expresa en la adoración del Cuerpo de Cristo, y, así, es la fuente dinámica del discipulado misionero".

—CELAM, *Aparecida, Documento conclusivo*, 172

Perspectivas emergentes: *Hacia una conversación constructiva*

"El ministerio entre los hispanos exige una apertura a las realidades pastorales y sociales que desafían hoy a la Iglesia y la llaman a responder al ministerio con un nuevo ardor, método, y expresión".

—USCCB, *Encuentro y misión*, n.º 59

Diez signos de dinamismo en parroquias con ministerio hispano

La presencia hispana en la parroquia católica es un don y una oportunidad para la Iglesia en los Estados Unidos para mirar al siglo XXI con esperanza renovada y para responder creativamente al llamado a la Nueva Evangelización.

1. LA PARROQUIA SIGUE SIENDO UNA INSTITUCIÓN MUY IMPORTANTE PARA LOS CATÓLICOS HISPANOS PARA CONSTRUIR COMUNIDAD Y CELEBRAR SU FE. En promedio, el número de personas participando en la misa en las parroquias con ministerio hispano es más alto que en el resto de las parroquias alrededor del país. Aproximadamente dos tercios de todos los bautismos en estas comunidades se celebran en español.

2. EL CATOLICISMO EN PARROQUIAS CON MINISTERIO HISPANO ES, DE HECHO, UNA EXPERIENCIA BILINGÜE Y BICULTURAL. Estas parroquias son microcosmos de la gran diversidad cultural que da forma al catolicismo en muchas partes del país y seguirá transformando la experiencia católica estadounidense en el futuro.

3. EL MINISTERIO EN LAS PARROQUIAS QUE SIRVEN A LOS HISPANOS NO ES UNA REALIDAD NI HOMOGÉNEA NI ESTÁTICA. La gran diversidad de experiencias, tradiciones, contribuciones y necesidades de esta población es una invitación a los agentes pastorales a explorar constantemente estrategias creativas de atención y acompañamiento pastoral.

4. LOS MOVIMIENTOS APOSTÓLICOS EN LAS PARROQUIAS CON MINISTERIO HISPANO SON FUENTES DE GRAN ENERGÍA PASTORAL. Por medio de sus actividades, los movimientos apostólicos sustentan espiritualmente a los católicos hispanos, fomentan el liderazgo entre ellos y los acercan a la tradición de fe.

5. UNA NUEVA GENERACIÓN DE LÍDERES PASTORALES HISPANOS JÓVENES ESTÁ EMERGIENDO EN EL CONTEXTO DE LA VIDA PARROQUIAL. MUCHOS DE ELLOS NACIERON EN LOS ESTADOS UNIDOS. Con adecuada motivación, apoyo y promoción estos líderes se mantendrán en el ministerio y harán contribuciones muy importantes.

6. LAS PARROQUIAS CON MINISTERIO HISPANO SE BENEFICIAN DE MUCHOS LÍDERES CON EXPERIENCIA, HISPANOS Y NO HISPANOS. La mayoría son bilingües y biculturales. Muchos han vivido en Latinoamérica y en el Caribe. Conscientes de la necesidad permanente de prepararse de manera adecuada para servir ministerialmente en los Estados Unidos, en un momento de transiciones estos líderes pueden ofrecer perspectivas invaluables desde su experiencia.

7. LOS DIÁCONOS PERMANENTES HISPANOS CONSTITUYEN UNO DE LOS GRUPOS DE AGENTES PASTORALES EJERCIENDO LIDEREZGO QUE MÁS RÁPIDO CRECE EN LAS PARROQUIAS CON MINISTERIO HISPANO. A ellos les acompaña un contingente amplio de ministros eclesiales laicos cuyos números también crecen rápidamente.

8. LAS OFICINAS DIOCESANAS DE MINISTERIO HISPANO (Y SUS EQUIVALENTES) DESEMPEÑAN UN PAPEL FUNDAMENTAL PROMOVIENDO INICIATIVAS PARA APOYAR EL MINISTERIO HISPANO EN LAS PARROQUIAS. Dentro de ellas sus directores son el recurso más valioso. Los directores diocesanos normalmente poseen competencias claves para el liderazgo pastoral que son necesarias para servir en una Iglesia culturalmente diversa.

9. EL MINISTERIO HISPANO A NIVEL PARROQUIAL ES ESENCIALMENTE UN MINISTERIO CON JÓVENES Y JÓVENES ADULTOS, UNA OPORTUNIDAD PARA FORMAR UNA NUEVA GENERACIÓN DE CATÓLICOS. La edad promedio de los hispanos en los Estados Unidos es de 27 años. Aproximadamente el 55 por ciento de todos los católicos menores de 30 años en el país son hispanos.

10. DOS TERCERAS PARTES DE LAS PARROQUIAS CON MINISTERIO HISPANO CUENTAN CON INICIATIVAS PARA QUE LOS PADRES DE FAMILIA HISPANOS SE INVOLUCREN EN LOS PROGRAMAS DE EDUCACIÓN RELIGIOSA DE SUS HIJOS. Cuando se organizan bien, estas iniciativas son oportunidades únicas para la formación de la fe de los adultos. También afirman el valor de la catequesis familiar.

Preguntas para el diálogo y la reflexión

1. ¿Cuáles de los signos de vitalidad mencionados ve usted que están fuertemente presentes en su comunidad parroquial?

2. ¿Qué es necesario hacer en su parroquia para continuar creciendo como una comunidad de fe y discipulado que, en particular, acoge la presencia católica hispana?

Áreas que requieren atención inmediata en parroquias con ministerio hispano

El dinamismo de la presencia hispana en la vida parroquial está acompañado de varios desafíos. A medida que los católicos en los Estados Unidos unimos esfuerzos para edificar comunidades de fe más sólidas, necesitamos poner atención a las siguientes realidades urgentes:

1. LAS PARROQUIAS CON MINISTERIO HISPANO SERÁN AFECTADAS GRAN MEDIDA POR TRANSICIONES IMPORTANTES DURANTE LA PRÓXIMA DÉCADA CUANDO MILES DE LÍDERES PASTORALES QUE SON CULTURALMENTE COMPETENTES LLEGUEN A LA EDAD DE JUBILACIÓN. Las diócesis y los programas de formación ministerial tienen que asegurarse que las nuevas generaciones de líderes pastorales tengan las competencias interculturales apropiadas para servir la población hispana que crece rápido en parroquias alrededor del país.

2. LA MAYORÍA DE LOS LÍDERES PASTORALES QUE TRABAJAN EN EL MINISTERIO HISPANO OBSERVAN QUE EL NIVEL DE INTEGRACIÓN DE LOS HISPANOS CATÓLICOS DE TODAS LAS EDADES—INMIGRANTES Y NACIDOS EN EL PAÍS—ES MÍNIMO. Las parroquias deben entrar en un discernimiento serio con todos sus miembros, hispanos y no hispanos, sobre la formación de comunidades en las cuales todos los feligreses perciban la parroquia como suya. Se necesita más diálogo sobre cómo las distintas comunidades que coinciden en la parroquia con ministerio hispano perciben la idea de integración.

3. LOS RECURSOS PARA EL MINISTERIO EN LAS PARROQUIAS QUE SIRVEN A CATÓLICOS HISPANOS SON LIMITADOS Y, EN GENERAL, DISTRUBUIDOS DE MANERA DESIGUAL. Demasiados líderes pastorales sirviendo católicos hispanos siguen siendo responsables de muchas áreas de la vida ministerial con pocos recursos o sin recurso alguno. En un mundo de recursos limitados, las parroquias con ministerio hispano al igual que las diócesis tienen que formular estrategias claras para invertir generosamente en la evangelización de los católicos hispanos como una prioridad no negociable.

4. LA OFRENDA RECIBIDA DE LOS FELIGRESES EN LAS MISAS EN ESPAÑOL ES SIGNIFICATIVAMENTE BAJA EN COMPARACIÓN CON EL TAMAÑO DE LA POBLACIÓN HISPANA EN LA PARROQUIA. Cerca del 20 por ciento de la colecta semanal en la parroquia proviene de estas misas. Sin embargo, casi la mitad de todos los feligreses que van a misa—usualmente en español—en comunidades con ministerio hispano son hispanos. Se necesita una discusión puntualizada para abordar cuestiones relacionadas sobre el sostenimiento de estas parroquias a la luz de cómo operan actualmente, mientras se tienen en cuenta barreras socioculturales y nuevas maneras de promover la espiritualidad cristiana del compartir.

5. EL PORCENTAJE DE LÍDERES PASTORALES HISPANOS NACIDOS EN LOS ESTADOS UNIDOS SIRVIENDO A NIVEL PARROQUIAL Y DIOCESANO SE MANTIENE NOTABLEMENTE BAJO. Las diócesis y las parroquias necesitan fomentar vocaciones al liderazgo pastoral entre los hispanos que nacieron y han crecido en los Estados Unidos —la gran mayoría entre la población hispana menor de 30 años. Los hispanos en este grupo normalmente poseen habilidades culturales y lingüísticas que, fortalecidas con la formación adecuada, pueden ser de gran valor para responder a las nuevas necesidades en el ministerio con los hispanos y con otros grupos en nuestra Iglesia culturalmente diversa.

6. **LA NATURALEZA DEL COMPROMISO DE LOS LÍDERES PASTORALES VOLUNTARIOS EN LAS PARROQUIAS CON MINISTERIO HISPANO NECESITA SER EVALUADA CON CAUTELA.** Es muy positivo que un gran número de voluntarios comparten generosamente su tiempo y su talento al servir a los católicos hispanos, lo cual ilustra el espíritu de discipulado misionero al cual la Iglesia ha llamado a los católicos a asumir hoy en día. Sin embargo, es poco ideal delegar a voluntarios grandes responsabilidades relacionadas con el cuidado pastoral de los hispanos. Estas responsabilidades con frecuencia requieren formación ministerial y teológica adecuada, un nivel de estabilidad profesional y la capacidad de participar en procesos de decisión en las estructuras parroquiales. Las parroquias y las diócesis deben promover estrategias para ayudar a los voluntarios encargados de estas grandes responsabilidades pastorales a mejorar las condiciones en las cuales sirven. Deben procurarles una formación ministerial adecuada, apoyo profesional e integrarlos de una manera más intencional en las estructuras de la organización parroquial.

7. **APROXIMADAMENTE UNO DE CADA CINCO LÍDERES PASTORALES QUE SIRVEN A CATÓLICOS HISPANOS EN POSICIONES MINISTERIALES DE ALTO NIVEL EN PARROQUIAS Y DIÓCESIS NO SON REMUNERADOS.** Mientras que el clero y los religiosos cuentan con redes de apoyo establecidas, un gran número de estos líderes pastorales sin remuneración son laicos. Es urgente que las parroquias y las diócesis faciliten una conversación sobre el tema de una compensación justa y de la paridad con los ministros y los ministerios no hispanos.

8. **LAS INICIATIVAS PASTORALES ORIENTADAS A LA ATENCIÓN PASTORAL DE LOS JÓVENES HISPANOS, ESPECIALMENTE LOS QUE NACIERON EN LOS ESTADOS UNIDOS, SON ESCASAS EN LAS PARROQUIAS (Y DIÓCESIS) COMPARADAS CON EL TAMAÑO DE ESTA POBLACIÓN.** La poca inversión en la pastoral juvenil, precisamente en el momento en que la gran mayoría de los católicos jóvenes son hispanos, es contraproducente.

9. **LA BRECHA QUE SE SIGUE ABRIENDO PAULATINAMENTE ENTRE LAS PARROQUIAS CON GRANDES NÚMEROS DE HISPANOS Y LAS ESCUELAS CATÓLICAS PUEDE OBSTACULIZAR EL PROCESO DE CREAR UNA "CULTURA DE ESCUELAS CATÓLICAS" ENTRE LOS CATÓLICOS HISPANOS.** Dicha brecha también puede tener un impacto negativo en los esfuerzos que se hacen para incrementar el acceso de niños y jóvenes hispanos a las escuelas católicas.

10. **ADEMÁS DE LAS FAMILIAS, LAS PARROQUIAS SON LOS RECURSOS DISPONIBLES MÁS INMEDIATOS PARA LA INMENSA MAYORÍA DE NIÑOS Y JÓVENES HISPANOS QUE NO ESTÁN MATRICULADOS EN ESCUELAS CATÓLICAS PARA APRENDER FORMALMENTE LA TRADICIÓN DE LA FE CATÓLICA.** Es urgente que se haga una inversión considerable en iniciativas de formación de la fe a nivel parroquial para beneficiar a esta población en edad escolar.

11. **MUY POCOS HISPANOS PARTICIPAN EN PROGRAMAS DE FORMACIÓN DE LA FE DE ADULTOS A PESAR DE QUE LA MAYORÍA DE PARROQUIAS CON MINISTERIO HISPANO OFRECEN INICIATIVAS EN ESTA ÁREA.** Las parroquias y las diócesis necesitan elaborar instrumentos apropiados para evaluar el progreso y la eficacia de programas de formación de adultos entre los hispanos. La elaboración de estos instrumentos tiene que involucrar a los adultos hispanos y a los líderes catequéticos que trabajan con ellos.

12. **MUY POCOS ESFUERZOS SON DEDICADOS EN LAS PARROQUIAS PARA ELABORAR PROGRAMAS Y RECURSOS QUE SIRVAN A SECTORES POCO TRADICIONALES DE LA POBLACIÓN HISPANA.** Las iniciativas parroquiales habituales raramente se enfocan en los católicos hispanos inactivos. Muy pocas parroquias han elaborado estrategias para servir a los católicos hispanos — muchos de ellos jóvenes— que viven en situaciones de alto riesgo, están en la cárcel, pertenecen a pandillas o viven en otras circunstancias marginales.

Preguntas para el diálogo y la reflexión

1. ¿Cuáles son las dos áreas de la lista anterior que usted cree que es necesario abordar con urgencia en su comunidad parroquial? ¿Cómo comenzaría a darles respuesta?

2. ¿Con quién cree usted que se necesita dialogar y qué pasos es necesario dar para responder a estas áreas que requieren atención pastoral inmediata en su parroquia, y así fortalecer la actividad evangelizadora con los católicos hispanos de todas las edades?

NOTAS

1 El término "hispano" evoca la relación legal y directa con España en el siglo XVI. Otro término, "latino", ha ganado aceptación para referirse a las personas nacidas en los Estados Unidos con una tradición hispanoparlante. El uso de "hispano" en este informe refleja una preferencia estilística, siguiendo el uso oficial de las agencias gubernamentales, los documentos de la Iglesia y la práctica pastoral tradicional.

2 El estudio más reciente centrado en una muestra grande de congregaciones hispanas católicas y protestantes, fue la *Encuesta Nacional de Liderazgo en Parroquias y Congregaciones Latinas* dirigida por Anthony Stevens-Arroyo como parte del Programa para el Análisis de la Religión entre Latinos (PARAL). Más información sobre la NSLLPC disponible en http://depthome.brooklyn.cuny.edu/risc/publications_Survey.htm#aris.

3 Ver Joseph Gremillion y David C. Leege, *Post-Vatican II Parish Life in the United States: Review and Preview*. Notre Dame Study of Catholic Parish Life. Reporte 15. Universidad de Notre Dame, 1989. Disponible en http://icl.nd.edu/assets/39500/report15.pdf.

4 Análisis histórico compuesto por Anthony Stevens-Arroyo y Hosffman Ospino.

5 Las siguientes obras tratan estas preguntas con mayor detalle: Timothy Matovina, *Latino Catholicism: Transformation in America's Largest Church*. Princeton, NJ: Princeton University Press, 2012, (*Catolicismo latino: La transformación de la iglesia en los Estados Unidos.*); Hosffman Ospino, *El ministerio hispano en el siglo XXI. Presente y Futuro*. Miami, FL: Convivium Press, 2010.

6 Cf. USCCB, *Hispanic Ministry at a Glance*, disponible en http://www.usccb.org/issues-and-action/cultural-diversity/hispanic-latino/demographics/hispanic-ministry-at-a-glance.cfm. Consultado el 21 de abril del 2014.

7 La identificación católica entre los hispanos, especialmente entre aquellos nacidos en Estados Unidos, ha tenido un descenso continuo durante las dos últimas décadas. Ver Barry A. Kosmin y Ariela Keysar, *American Religious Identification Survey* (ARIS 2008). Summary Report. Hartford, CT: Institute for the Study of Secularism in Society & Culture, March 2009, disponible en http://commons.trincoll.edu/aris/files/2011/08/ARIS_Report_2008.pdf. Ver también Paul Taylor, Mark Hugo Lopez, Jessica Hamar Martinez, y Gabriel Velasco, *When Labels Don't Fit: Hispanics and Their Views of Identity*. Washington, D.C.: PEW Hispanic Center, April 4, 2012, disponible en http://www.pewhispanic.org/files/2012/04/PHC-Hispanic-Identity.pdf.

8 Esto es congruente con el nivel de respuestas a encuestas parroquiales realizadas por CARA que pedían una respuesta de los líderes pastorales en funciones similares.

9 Ver Mark M. Gray, Mary L. Gautier y Melissa A. Cidade. *The Changing Face of U.S. Catholic Parishes*. The Emerging Models of Pastoral Leadership. Washington, D.C.: CARA, 2011. Disponible en http://emergingmodels.org/wp-content/uploads/2012/04/Changing-Face-of-US-Catholic-Parishes.pdf.

10 Ibid.

11 Ibid.

12 Ver: "U.S. Catholics: Key Data from Pew Research" (Católicos estadounidenses: información clave del Centro de Investigaciones Pew) (25 de febrero del 2013) disponible en http://www.pewresearch.org/key-data-points/u-scatholics-key-data-from-pew-research/#attendmass. Consultado el 21 de abril del 2014.

13 Ver: Gautier, Mary L., Paul M. Perl y Stephen J. Fichter: *Same Call, Different Men: The Evolution of the Priesthood since Vatican II* (Un mismo llamado, diferentes hombres: La evolución del sacerdocio desde el Concilio Vaticano II), Collegeville, MN: Liturgical Press, 2012.

14 Se indicó a los participantes que las preguntas aplicaban a todas las "oficinas que supervisan el ministerio con los católicos hispanos/latinos".

15 Véase la National Catholic Network de Pastoral Juvenil Hispana (Red Católica Nacional de Pastoral Juvenil Hispana, La Red), *Primer Encuentro Nacional de Pastoral Juvenil Hispana*. Washington, D.C.: USCCB, 2008, 97.

16 Véase Dale McDonald y Margaret M. Schultz, *U.S. Catholic Elementary and Secondary Schools 2013-2014* (Escuelas primarias y secundarias católicas de los EE. UU). Washington, D.C.: NCEA, 2014.

17 Ibid.

18 Véanse los dos informes publicados por la iniciativa Catholic School Advantage, de la Universidad de Notre Dame, para incrementar el porcentaje de niños latinos matriculados en escuelas católicas: *To Nurture the Soul of a Nation* (Nutrir el alma de una nación), (2009) y *Renewing Our Greatest and Best Inheritance* (Renovar nuestra más grande y mejor herencia), (2013). Ambos están disponibles en http://ace.nd.edu/catholic-school-advantage/.

Sobre el autor

HOSFFMAN OSPINO, PH. D.

Hosffman Ospino es Profesor de Ministerio Hispano y Educación Religiosa en Boston College, en la Escuela de Teología y Ministerio, donde también es Director de Programas de Posgrado en Ministerio Hispano. El Dr. Ospino tiene una Maestría en Teología con especialización en Historia de la Iglesia y un Doctorado en Teología y Educación de Boston College. Su investigación se centra en el diálogo entre la fe y la cultura, y en la manera en que este intercambio impacta las prácticas educativas y ministeriales católicas, en particular en contextos culturalmente diversos. Él ha escrito y publicado varios libros y docenas de ensayos sobre estas áreas. Es miembro de la mesa directiva de la Academia de Teólogos Católicos Hispanos de los Estados Unidos. El Dr. Ospino está involucrado activamente en el ministerio hispano de la parroquia de San Patricio en Lawrence, MA.

Agradecimientos

Merecen una palabra de gratitud en particular el equipo de profesores y la administración de la Escuela de Teología y Ministerio de Boston College, por apoyar la investigación y los estudios académicos que buscan responder a los desafíos actuales más urgentes de la Iglesia Católica, la sociedad estadounidense y el mundo en general.

Un agradecimiento especial a todos los estudiantes de posgrado de la Escuela de Teología y Ministerio y de la Escuela de Posgrado en Trabajo Social de Boston College que, con capacidad y dedicación, se desempeñaron como asistentes de investigación en varias etapas de este estudio nacional: Karla Alvarado, Juan Blanco, Erin Broich, Nicholas Collura, Thomas Drury, Laura Endara, Janet Gonzalez, Andrea Jackson, Chelsea King, Paul Kozak, Michael Markovich, Christa Morse, Alfredo Ignacio Poggi, Andrew Reynolds, Susan Bigelow Reynolds, Maricela Ríos, Gisela Silva-Terral y Jorge Tetzaguic.

Contacto

Hosffman Ospino, Ph. D.
Boston College
School of Theology and Ministry
140 Commonwealth Ave.
Chestnut Hill, MA 02467-3800
Teléfono: 617–552–0119
Correo electrónico: ospinoho@bc.edu
www.bc.edu/stm

Center for Applied Research in the
 Apostolate (CARA)
2300 Wisconsin Ave., NW, Suite 400A
Washington, D.C. 20007
Teléfono: 202–687–8080
Correo electrónico: cara@georgetown.edu
cara.georgetown.edu

BOSTON COLLEGE

SCHOOL OF THEOLOGY & MINISTRY

La Escuela de Teología y Ministerio (STM) de Boston College es un centro teológico internacional que sirve a la misión de la Iglesia en el mundo como parte de una universidad católica y jesuita. Fomentando la fe cristiana y promoviendo la justicia y la reconciliación, la facultad prepara a sus estudiantes para ministerios tan diversos como su alumnado: los jesuitas y otros aspirantes aprobados para estudios que conduzcan hacia la ordenación, mujeres y hombres para ministerios eclesiales laicos y para el servicio a la luz de la fe. La STM está comprometida con la tradición teológica católica, la investigación académica rigurosa, el estudio interdisciplinario, el diálogo ecuménico e interreligioso, y la relación entre fe y cultura. A través de la Escuela Eclesiástica y el Departamento de Educación Religiosa y Ministerio Pastoral, la STM ofrece programas de posgrado, incluidos títulos civiles y eclesiásticos en teología y ministerio, que integran la formación intelectual, espiritual, pastoral y personal. Para formar una comunidad que sea contemplativa, crítica y colaboradora, se inspira en la tradición ignaciana y la rica diversidad de sus estudiantes y cuerpo de profesores, que son laicos, ministros ordenandos y miembros de comunidades religiosas. La investigación teológica, la reflexión y la práctica pastoral son esenciales para la vida y la misión de la STM. La STM llega a comunidades teológicas y pastorales más grandes a través de los recursos de aprendizaje de *C21 Online*, la publicación de *New Testament Abstracts* (Resúmenes del Nuevo Testamento) y programas actualizadas de educación continuada.

CENTRO PARA LA INVESTIGACIÓN APLICADA EN EL APOSTOLADO (CARA)

CARA es un centro nacional de investigación sin fines de lucro afiliado a la Universidad de Georgetown que lleva a cabo estudios científico-sociales sobre la Iglesia Católica. Fundado en 1964, el CARA tiene una misión con tres importantes dimensiones: incrementar la manera como la Iglesia se entiende a sí misma, servir las necesidades investigativas aplicadas de quienes son responsables de la toma de decisiones en la Iglesia, y promover la investigación académica sobre religión, en particular sobre el catolicismo.

BOSTON COLLEGE

BOSTON COLLEGE